다문화가정과 함께하는 

정확한 한국어

국립국어원 기획 이선웅 외 집필

Hawoo Publishing Inc.

발간사

우리는 이제 '다문화'라는 말이 더 이상 낯설지 않은 시대에 살고 있습니다. 2018년 12월호 출입국외국인정책 통계월보에 따르면 체류외국인은 2,367,607명인데 이는 2010년보다 2배 가까이 증가한 것입니다. 그런데 주목할 점은 다문화가정의 형태가 여성결혼이민자를 주요 가족 구성원으로 하는 획일적인 모습이 아니라 남성결혼이민자 가정이나 외국인 1인 가정 등으로 다양화되었다는 것입니다. 이에 다문화가정 대상 한국어 교재도 학습 대상자를 여성결혼이민자에 국한하지 않고 다문화가정의 남녀 성인 구성원으로 확대할 필요가 생겼습니다.

이에 국립국어원에서는 2017년 다문화가정 성인을 대상으로 한 한국어 교육 내용을 개발하였고, 2018년 시범 적용을 거쳐 초급 교재 4권, 중급 교재 4권을 출판하게 되었습니다. 교사용 지도서는 별도로 출판하지 않았지만 국립국어원 한국어교수학습샘터에 탑재해 현장 교사들이 무료로 이용할 수 있게 하였습니다.

이번 교재 개발에는 현장 경험이 많은 연구진이 집필자와 검토자로 참여하여 한국어 교육의 전문적 내용을 쉽고 친근하게 구성하였습니다. 특히 현장 시범 적용을 통해 교사와 학생의 의견을 폭넓게 수렴하기 위해 노력하였습니다. 또한 성적, 문화적 차별 요소가 없도록 내용을 구성하였고, 다문화가정 구성원이 이 사회에서 진취적으로 살아가는 모습을 담고자 하였습니다.

아무쪼록 '다문화가정과 함께하는 한국어'가 다문화가정 구성원이 한국어를 '즐겁고, 정확하게' 익힐 수 있는 길잡이가 되기를 바랍니다. 그래서 다문화가정 구성원이 한국 사회에 통합되어 안정적인 생활을 영위하는 데 도움이 될 수 있기를 바랍니다.

끝으로 새로운 교재의 개발을 위해 최선의 노력을 기울여 주신 교재 개발진과 출판사 관계자 분들에게 깊은 감사의 말씀을 드립니다.

2019년 1월

국립국어원장 소강춘

머리말

교통과 통신의 비약적인 발전에 따라 세계 여러 나라들의 교류가 크게 증가하고 있고, 그와 함께 한국에 정착해 사는 외국인들 역시 크게 늘어나고 있습니다. 한국에 이주해 한국인 배우자와 함께 사는 사람들, 직업 활동을 하면서 한국에 정착해 사는 외국인 부부들이 오랜 기간 동안 한국에 살면서 자녀를 낳아 기르고 있어 한국 사회도 점차 다문화 사회로 이행하고 있는 모습이 뚜렷이 나타나고 있습니다. 이는 한국의 국제적 위상이 점점 높아지고 있음을 간접적으로 보여 주는 바람직한 사회 현상이라고 생각합니다.

이 책은 이와 같은 시대적 흐름에 발맞추어 국립국어원에서 발주한 사업인 2017년 다문화가정 교재 개발 사업의 결과물로서 다문화가정 구성원들이 한국 문화를 이해하는 바탕 위에서 구어와 문어 영역에서 고른 수준의 한국어를 구사할 수 있도록 구성되었습니다. 또한 날이 갈수록 다문화가정 구성원들의 사회 활동이 늘고 있고 성 평등 의식도 높아져 가고 있으므로, 학습자들이 한국 사회의 일원으로서 확고한 정체성을 지니고 가족생활, 이웃과의 교류, 직업 활동을 포함한 여러 사회생활에서 필요한 한국어를 자연스럽게 구사할 수 있도록 하였습니다. 학습자들이 한국 사회에 대한 적응이라는 수동적 태도에서 나아가 한국 사회를 함께 이끌어 간다는 능동적 태도를 지니고 살아갈 수 있도록 내용을 구성하였습니다.

이 책은 본래 2008년에 국립국어원에서 발주하여 2010년에 출판된 "결혼 이민자와 함께하는 한국어"의 개정판으로 기획되었으나, 그동안 한국어 교육계에서 발전되어 온 교육 방법론을 최대한 반영하고자 그때의 교재와는 구성 체제를 사뭇 달리하였습니다. 가장 큰 차이점은 성격이 다른 두 권으로 주 교재를 나눈 것입니다. "다문화가정을 위한 즐거운 한국어"는 구어 위주의 과제 활동이 더 많도록 구성하였고 "다문화가정을 위한 정확한 한국어"는 문어 위주의 형태 연습이 더 많도록 구성하였습니다. 곧 "정확한 한국어"는 부교재로 취급받던 기존 워크북의 내용을 더욱 풍부하게 하여 "즐거운 한국어"에 버금가는 주 교재로 집필된 것입니다. 두 책을 유기적으로 연결하여 교수 · 학습한다면 유창성과 정확성을 고루 갖출 수 있을 것이라고 생각합니다.

아무쪼록 모든 다문화가정 구성원들이 이 책으로 한국어와 한국 문화를 열심히 공부하여 한국 사회의 성공적인 일원이 될 수 있기를 기원합니다.

2019년 1월

저자를 대표하여 이선웅 적음.

일러두기

어휘

각 과의 주제와 관련하여 필수적으로 학습해야 할 어휘를 제시하고 연습 문제를 통해 연습할 수 있도록 하였다. 그림을 활용하여 어휘 의미를 쉽게 파악할 수 있게 하였고 대화 속에서 어휘가 사용되는 예를 제시하였다.

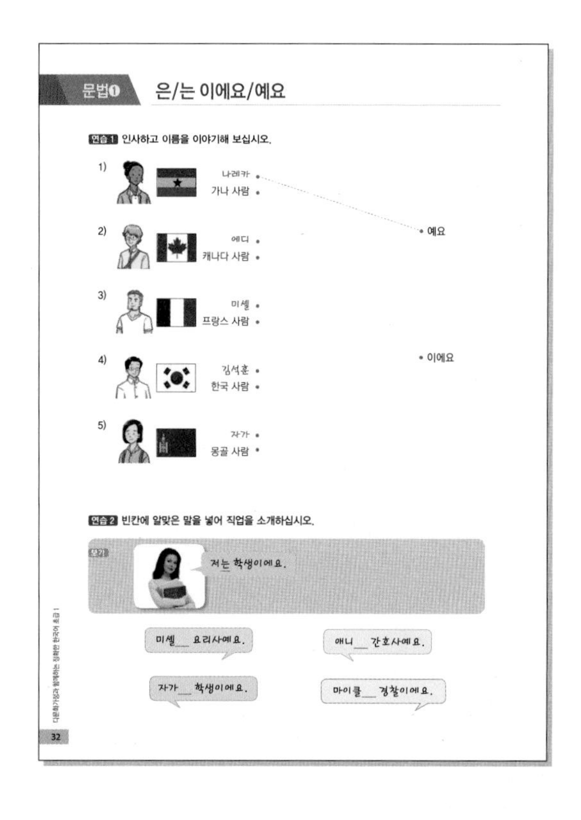

문법

문법에서는 학습할 문법 항목을 체계적으로 연습할 수 있게 하였다. 기본적으로 형태를 정확하게 파악할 수 있도록 표를 완성하는 문항을 수록하였고, 문장 및 대화 만들기로 단위를 확장하여 학습 문법을 연습할 수 있게 하였다. 필요한 경우 날개 부분을 활용하여 추가 학습 항목을 제시하여 학습 문법과 함께 연습할 수 있도록 하였다.

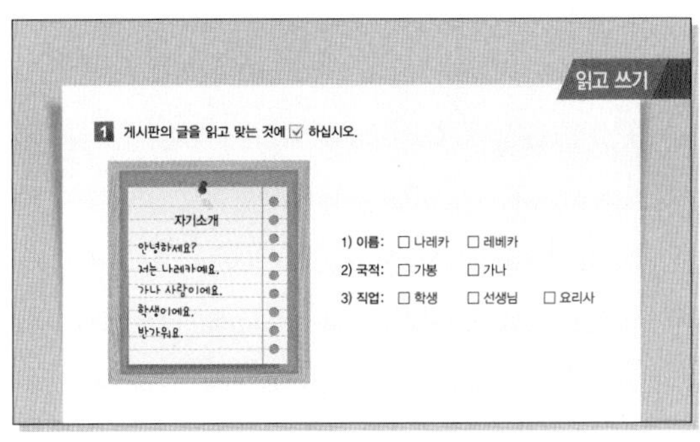

읽고 쓰기: 읽기

읽기 에서는 과 주제와 관련된 글과 함께 글의 이해 여부를 확인할 수 있는 문제를 수록하였다. 이미 학습한 어휘뿐만 아니라 새롭게 학습할 수 있는 어휘를 '새 단어'로 추가 제시하였다.

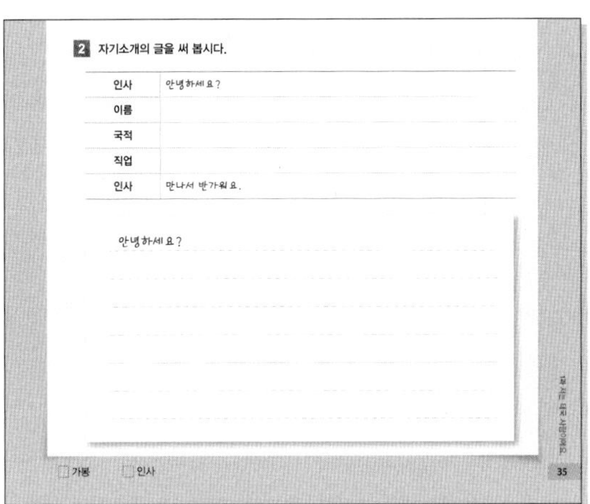

읽고 쓰기: 쓰기

쓰기 에서는 읽은 글을 토대로 하여 자신의 이야기를 직접 써 볼 수 있게 하였다. 쓰기에 어려움을 겪을 수 있는 초급에서는 읽기 지문이 자신이 쓸 글의 뼈대가 될 수 있도록 하였다. 또한 학습자들이 글을 쓰기 전에 자신의 생각을 미리 정리해 볼 수 있도록 개요 쓰기를 포함하였다.

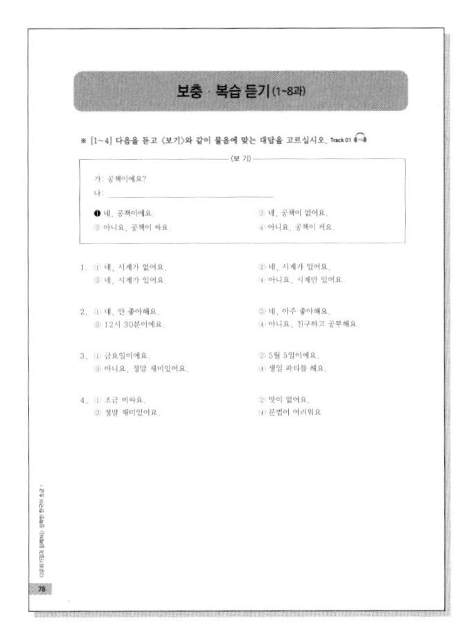

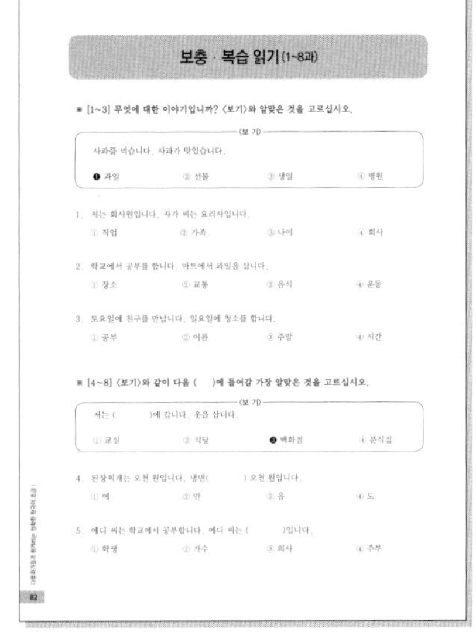

보충·복습

보충·복습 에서는 1~8과, 9~16과에서 배운 내용을 한국어능력시험의 듣기와 읽기 시험 문제와 동일한 형식을 통해 점검하게 함으로써 한국어능력시험을 준비하는 데 도움이 되도록 하였다. 필요한 경우 새 어휘, 문법이 사용된 새로운 내용의 텍스트를 추가하여 좀 더 실전에 가깝도록 구성하였다.

목차

모음❶

● 모음 글자를 쓰세요.

ㅏ	ㅣ	ㅏ		ㅏ			
ㅓ	·	ㅓ			ㅓ		
ㅗ	'	ㅗ				ㅗ	
ㅜ	ㅡ	ㅜ					ㅜ
ㅡ	ㅡ					ㅡ	
ㅣ	ㅣ				ㅣ		
ㅐ	ㅣ	ㅏ	ㅐ	ㅐ			
ㅔ	·	ㅓ	ㅔ		ㅔ		

● 자음 글자를 쓰세요.

ㅇ	ㅇ				ㅇ			
ㄱ	ㄱ					ㄱ		
ㄴ	ㄴ						ㄴ	
ㄷ	ㅡ	ㄷ						ㄷ
ㄹ	ㄱ	⊐	ㄹ				ㄹ	
ㅁ	ㅣ	ㄇ	ㅁ			ㅁ		
ㅂ	ㅣ	ㅣㅣ	H	ㅂ	ㅂ			
ㅅ	丿	ㅅ				ㅅ		
ㅈ	フ	ㅈ					ㅈ	
ㅎ	ㅡ	=	ㅎ					ㅎ

● 글자를 쓰세요.

	ㅏ	ㅓ	ㅗ	ㅜ	ㅡ	ㅣ	ㅐ	ㅔ
ㅇ	아							
ㄱ		거						
ㄴ			노					
ㄷ				두				
ㄹ					르			
ㅁ						미		
ㅂ							배	
ㅅ								세
ㅈ							재	
ㅎ						히		

● 단어를 쓰세요.

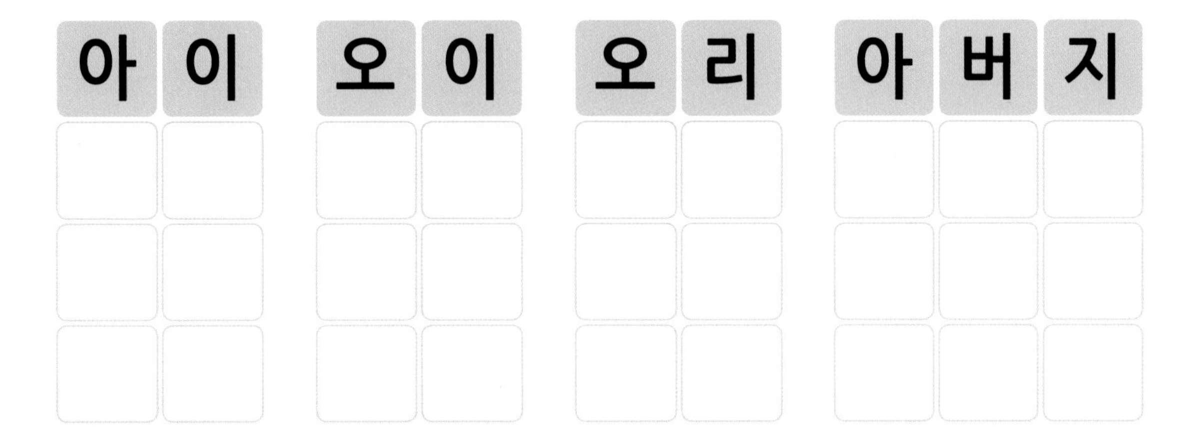

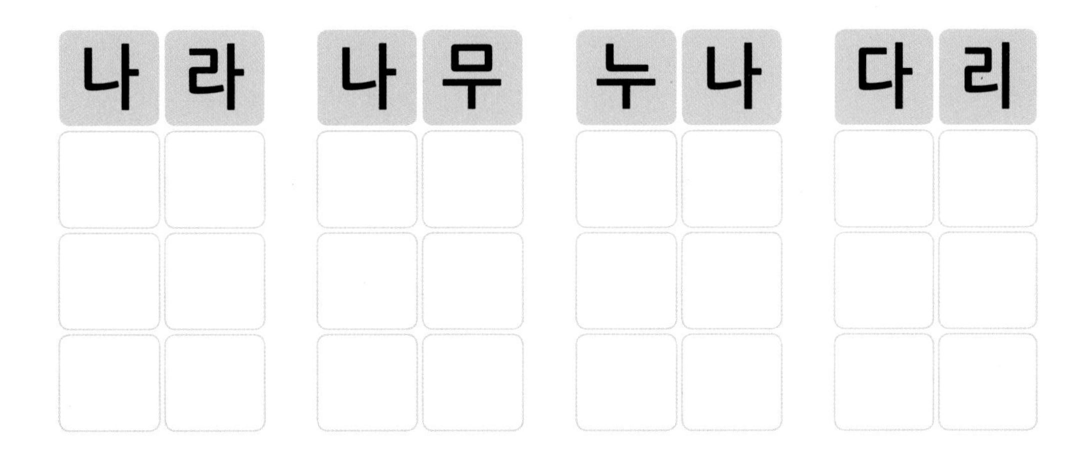

머리
모자
비
바지
버스
주스
하마
새
해
게

● 모음 글자를 쓰세요.

ㅑ	ㅣ	ㅏ	ㅑ		ㅑ			
ㅕ	-	=	ㅕ			ㅕ		
ㅛ	'	''	ㅛ				ㅛ	
ㅠ	ㅡ	ㅜ	ㅠ					ㅠ
ㅒ	ㅣ	ㅏ	ㅑ	ㅒ			ㅒ	
ㅖ	-	=	ㅕ	ㅖ		ㅖ		

● 글자를 쓰세요.

	ㅑ	ㅕ	ㅛ	ㅠ	ㅒ	ㅖ
ㅇ	야					
ㄱ		겨				
ㄴ			뇨			
ㄷ				듀		
ㄹ					럐	
ㅁ						몌
ㅂ					뱨	
ㅅ				슈		
ㅈ			죠			
ㅎ		혀				

● 단어를 쓰세요.

교사　우유　휴지　얘기

세계

자음❷

● 자음 글자를 쓰세요.

ㅋ	ㄱ	ㅋ			ㅋ			
ㅌ	ㅡ	ㅡ	ㅌ			ㅌ		
ㅍ	ㅡ	ㅜ	ㅠ	ㅍ			ㅍ	
ㅊ	ㅡ	ㅋ	ㅊ					ㅊ

● 글자를 쓰세요.

	ㅏ	ㅓ	ㅗ	ㅜ	ㅡ	ㅣ	ㅐ	ㅔ
ㅋ	카							
ㅌ		터						
ㅍ			포					
ㅊ				추				

● 단어를 쓰세요.

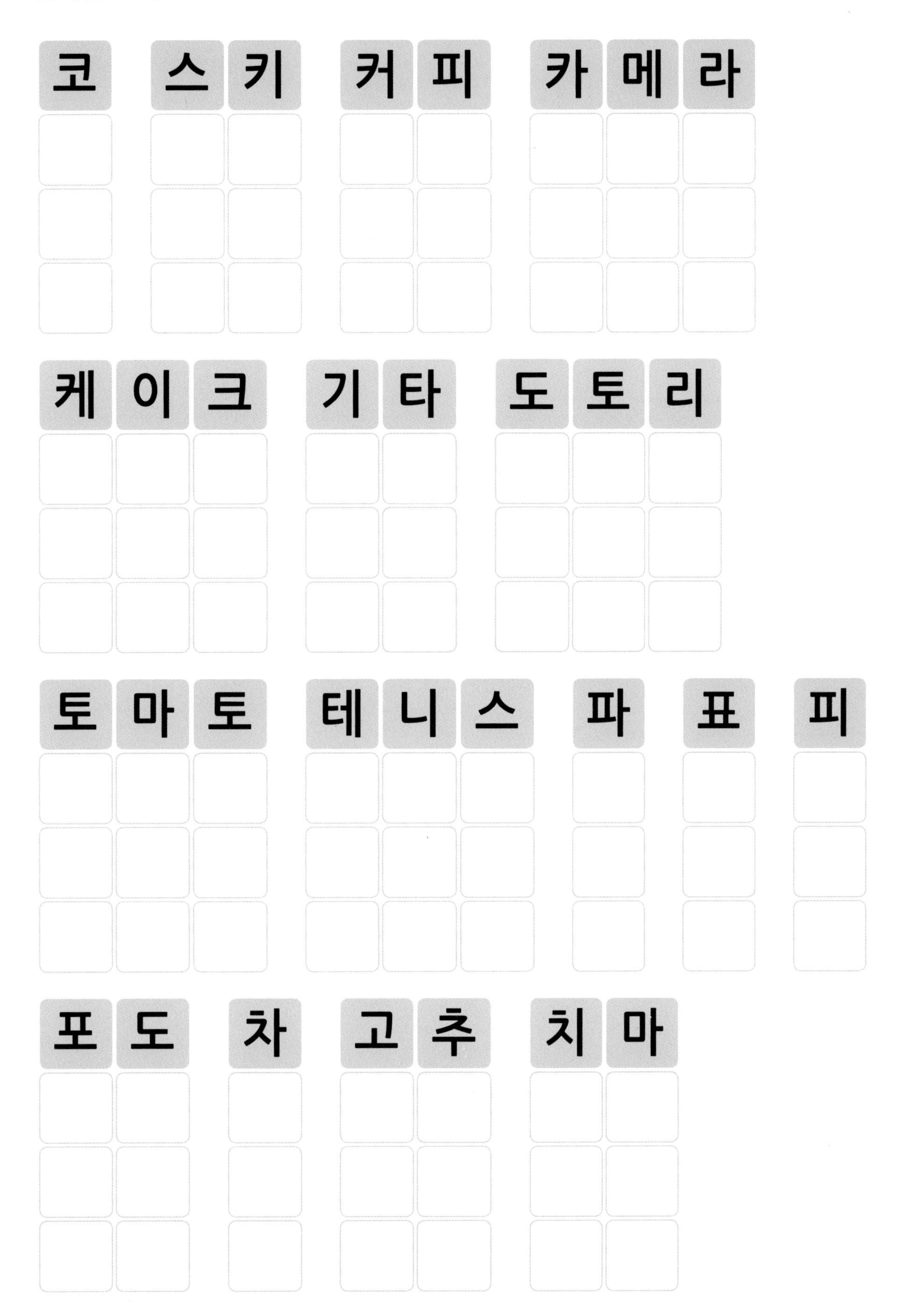

모음❸

● 모음 글자를 쓰세요.

ㅘ	·	ㅗ	ㅚ	ㅘ			
ㅝ	ㅡ	ㅜ	ㅜ-	ㅝ			
ㅙ	·	ㅗ	ㅚ	ㅘ	ㅙ		
ㅞ	ㅡ	ㅜ	ㅜ-	ㅝ	ㅞ		
ㅚ	·	ㅗ	ㅚ				
ㅟ	ㅡ	ㅜ	ㅟ				
ㅢ	ㅡ	ㅢ					

● 글자를 쓰세요.

	ㅘ	ㅝ	ㅙ	ㅞ	ㅚ	ㅟ	ㅢ
ㄱ	과						
ㄴ		눠					
ㄷ			돼				
ㄹ				뤠			
ㅁ					뫼		
ㅂ						뷔	
ㅅ					쇠		
ㅇ							의
ㅈ			좨				
ㅊ						취	
ㅋ	콰						
ㅌ					퇴		
ㅍ				풰			
ㅎ		훠					

● 단어를 쓰세요.

줘요 추워요 왜 돼지

스 웨 터
웨 이 터
쇠 고 기

회 사
귀
쥐
가 위
바 위

의 사
의 자
회 의
주 의

자음❸

● 자음 글자를 쓰세요.

ㄲ	ㄱ	ㄲ						
ㄸ	ㅡ	ㄷ	ㄷㅡ	ㄸ				
ㅃ	ㅣ	ㅣㅣ	ㅐ	ㅂ	ㅂㅣ	ㅂㅣㅣ	ㅂㅐ	ㅃ
ㅆ	ノ	ㅅ	ㅅノ	ㅆ				
ㅉ	ㄱ	ㅈ	ㅈㄱ	ㅉ				

● 글자를 쓰세요.

	ㅏ	ㅓ	ㅗ	ㅜ	ㅡ	ㅣ	ㅐ	ㅔ
ㄲ	까					끼		
ㄸ		떠					때	
ㅃ			뽀					
ㅆ				쑤				쎄
ㅉ					쯔			

● 단어를 쓰세요.

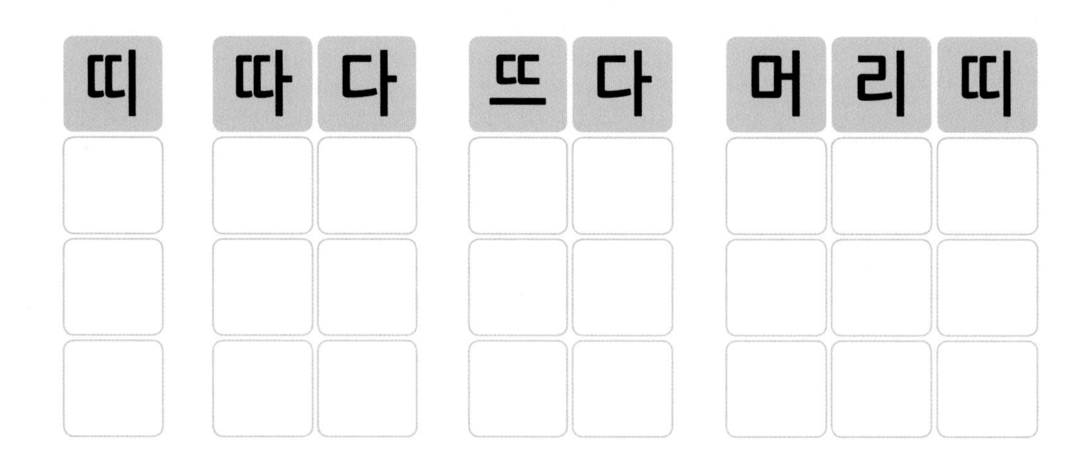

싸다
쓰다
아저씨

비싸다
가짜
짜다

찌다
찌개

받침❶

● 글자를 쓰세요.

	가	노	두	르	마	비	새
ㄴ	간						
ㄹ							
ㅁ							
ㅇ							

	아	저	추	카	트	피	호
ㄴ	안						
ㄹ							
ㅁ							
ㅇ							

단어를 쓰세요.

눈 돈 우산 신문 물

딸기 얼굴 연필 감

엄마 김치 컴퓨터 공

가방 병원 냉장고

● 글자를 쓰세요.

	어	어	오	우	으	이
ㄱ	억					
ㄷ						
ㅂ						
ㅅ						

● 단어를 쓰세요.

책 가족 부엌 밖 밥

지갑 앞 무릎 듣다 밑

옷 빗 갔다 늦다 꽃

히읗

저는 태국 사람이에요.

1 어느 나라 사람입니까?

나라	국적	나라	국적	나라	국적
한국	한국 사람	캐나다		방글라데시	
가나		필리핀		일본	
몽골		프랑스		캄보디아	
인도		태국		중국	

인사말

2 직업을 묻고 답하십시오.

회사원	간호사	요리사	의사	선생님	학생
주부	배우	미용사	경찰관	군인	가수

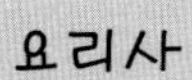

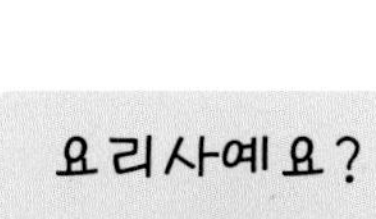

문법❶ 은/는 이에요/예요

연습 1 인사하고 이름을 이야기해 보십시오.

1)  

나레카 •

가나 사람 •

2)  

에디 •

캐나다 사람 •

3)  

미셸 •

프랑스 사람 •

4)  

김석훈 •

한국 사람 •

5)  

자가 •

몽골 사람 •

• 예요

• 이에요

연습 2 빈칸에 알맞은 말을 넣어 직업을 소개하십시오.

보기

저는 학생이에요.

미셸__ 요리사예요.

애니__ 간호사예요.

자가__ 학생이에요.

마이클__ 경찰이에요.

은/는 입니다, 입니까?

연습 1 국적과 직업을 묻고 답해 보십시오.

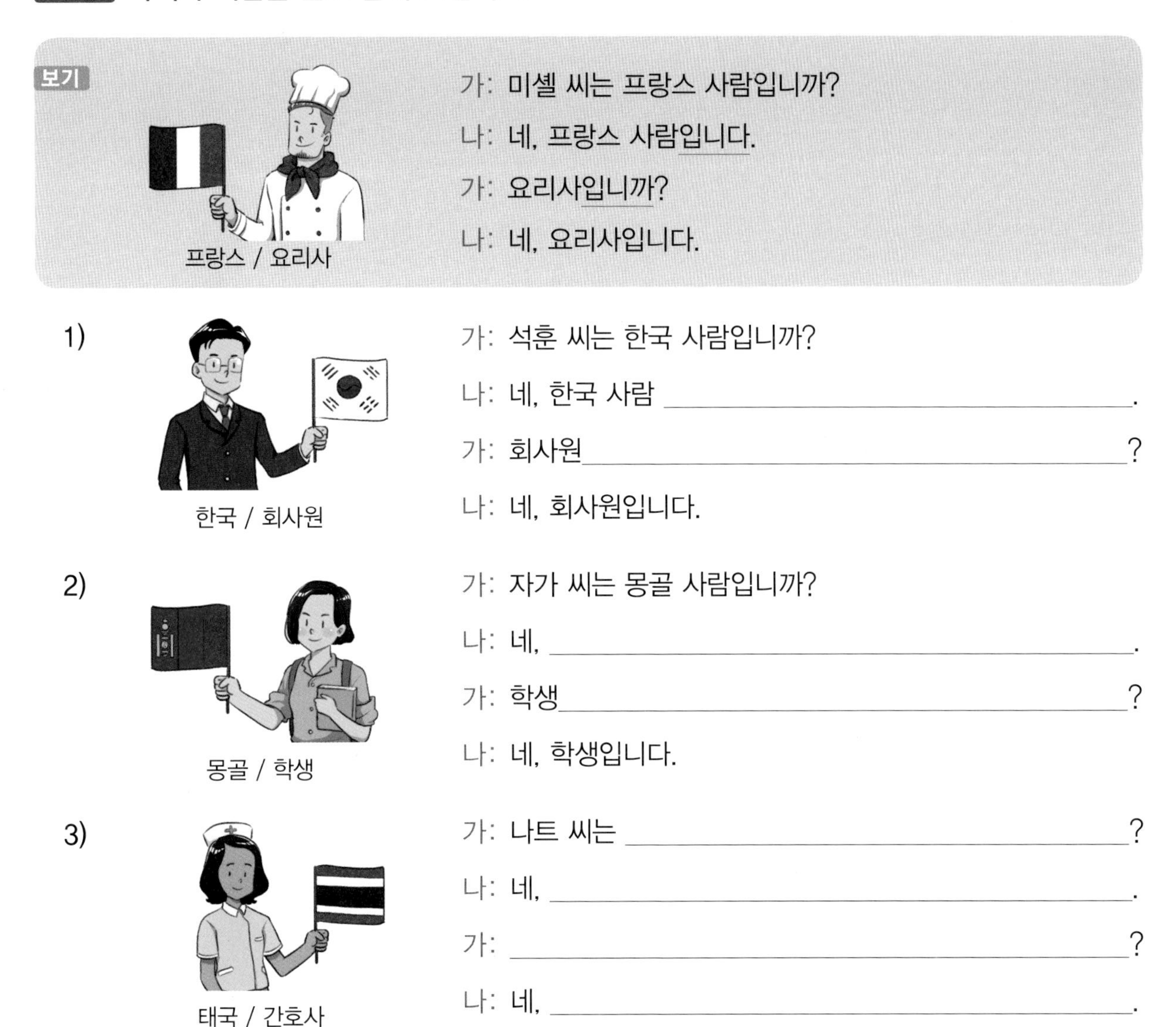

보기

프랑스 / 요리사

가: 미셸 씨는 프랑스 사람입니까?
나: 네, 프랑스 사람입니다.
가: 요리사입니까?
나: 네, 요리사입니다.

1)

한국 / 회사원

가: 석훈 씨는 한국 사람입니까?
나: 네, 한국 사람 ______________________.
가: 회사원______________________?
나: 네, 회사원입니다.

2)

몽골 / 학생

가: 자가 씨는 몽골 사람입니까?
나: 네, ______________________.
가: 학생______________________?
나: 네, 학생입니다.

3)

태국 / 간호사

가: 나트 씨는 ______________________?
나: 네, ______________________.
가: ______________________?
나: 네, ______________________.

연습 2 문장을 완성하십시오.

입니다	이에요/예요

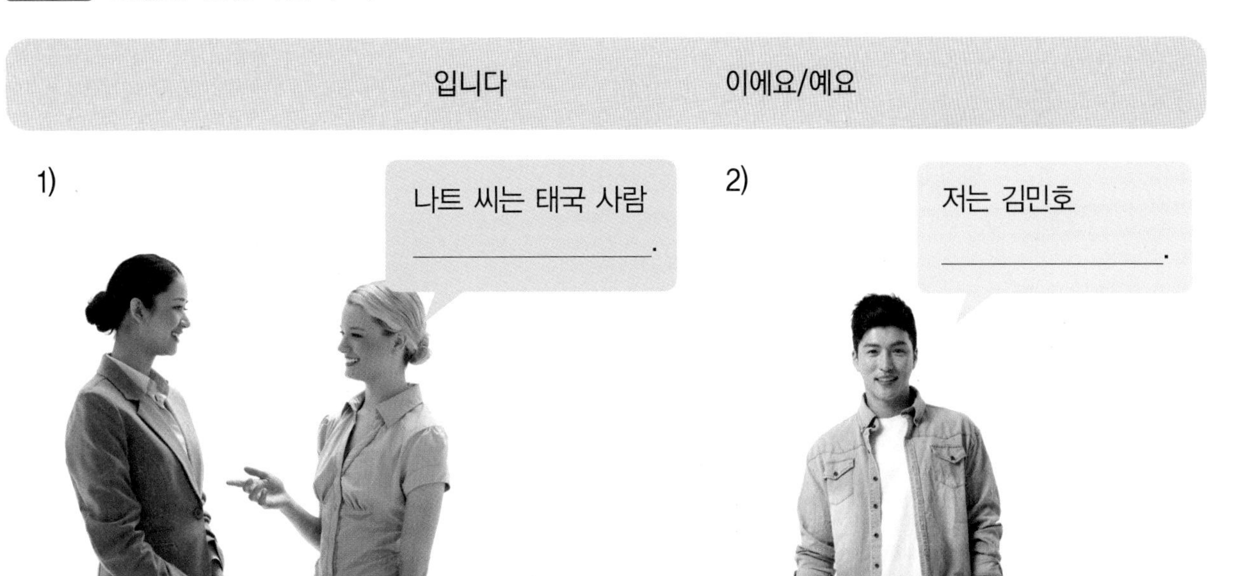

문법❸ 이/가 아니에요

연습 1 빈칸에 알맞은 말을 넣어 이야기해 보십시오.

보기
선생님이에요? — 아니요, 저는 선생님이 아니에요.

1) 의사예요? — 아니요, 저는 의사_____ 아니에요.

2) 미셸 씨는 공무원이에요? — 아니요, 저는 공무원_____ 아니에요.

3) 엔젤 씨는 미용사예요? — 아니요, 엔젤 씨는 미용사_____ 아니에요.

연습 2 어느 나라 사람입니까? 이야기해 보십시오.

보기

가: 석훈 씨는 몽골 사람이에요?
나: 아니요, 저는 몽골 사람이 아니에요. /
아니요, 저는 몽골 사람이 아닙니다.
한국 사람이에요.

1)

가: 나레카 씨는 나이지리아 사람이에요?
나: ______________________________.
______________________________.

2)

가: 미셸 씨는 캐나다 사람이에요?
나: ______________________________.
______________________________.

3)

가: 아미르 씨는 방글라데시 사람이에요?
나: ______________________________.
______________________________.

4)

가: 나트 씨는 캄보디아 사람이에요?
나: ______________________________.
______________________________.

1 게시판의 글을 읽고 맞는 것에 ☑ 하십시오.

자기소개

안녕하세요?
저는 나레카예요.
가나 사람이에요.
학생이에요.
반가워요.

1) 이름: □ 나레카 □ 레베카

2) 국적: □ 가봉 □ 가나

3) 직업: □ 학생 □ 선생님 □ 요리사

2 자기소개의 글을 써 봅시다.

인사	안녕하세요?
이름	
국적	
직업	
인사	만나서 반가워요.

안녕하세요?

□ 가봉 □ 인사

교실에 시계가 있어요?

1 그림을 보고 이름을 찾아 쓰십시오.

보기					
우산	가방	카메라	공책	시계	안경
지우개	책	연필	볼펜	필통	핸드폰

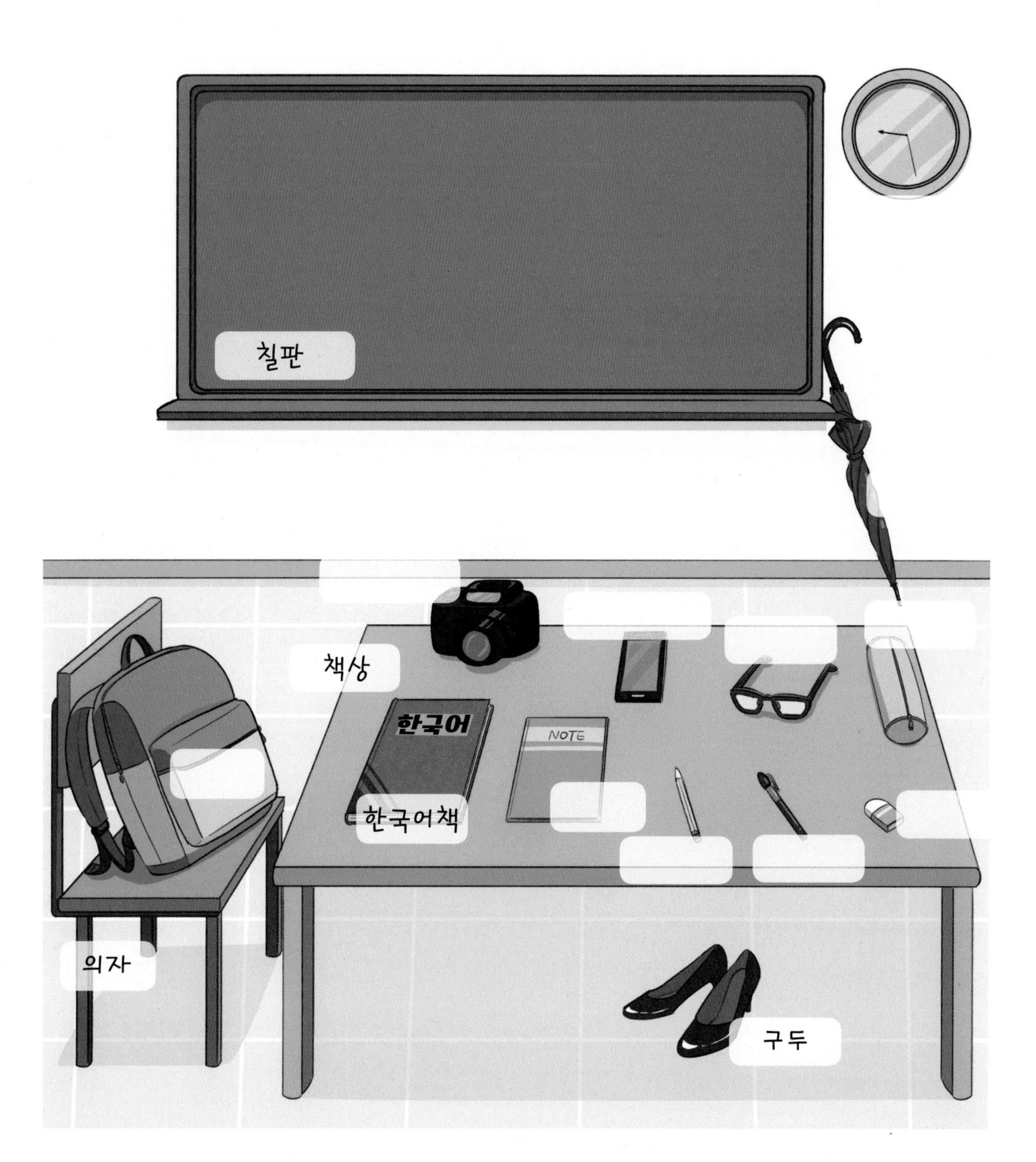

2 뭐예요? 이야기해 보세요.

보기

가: 뭐예요?

나: 볼펜이에요.

3 어디에 있습니까? 쓰십시오.

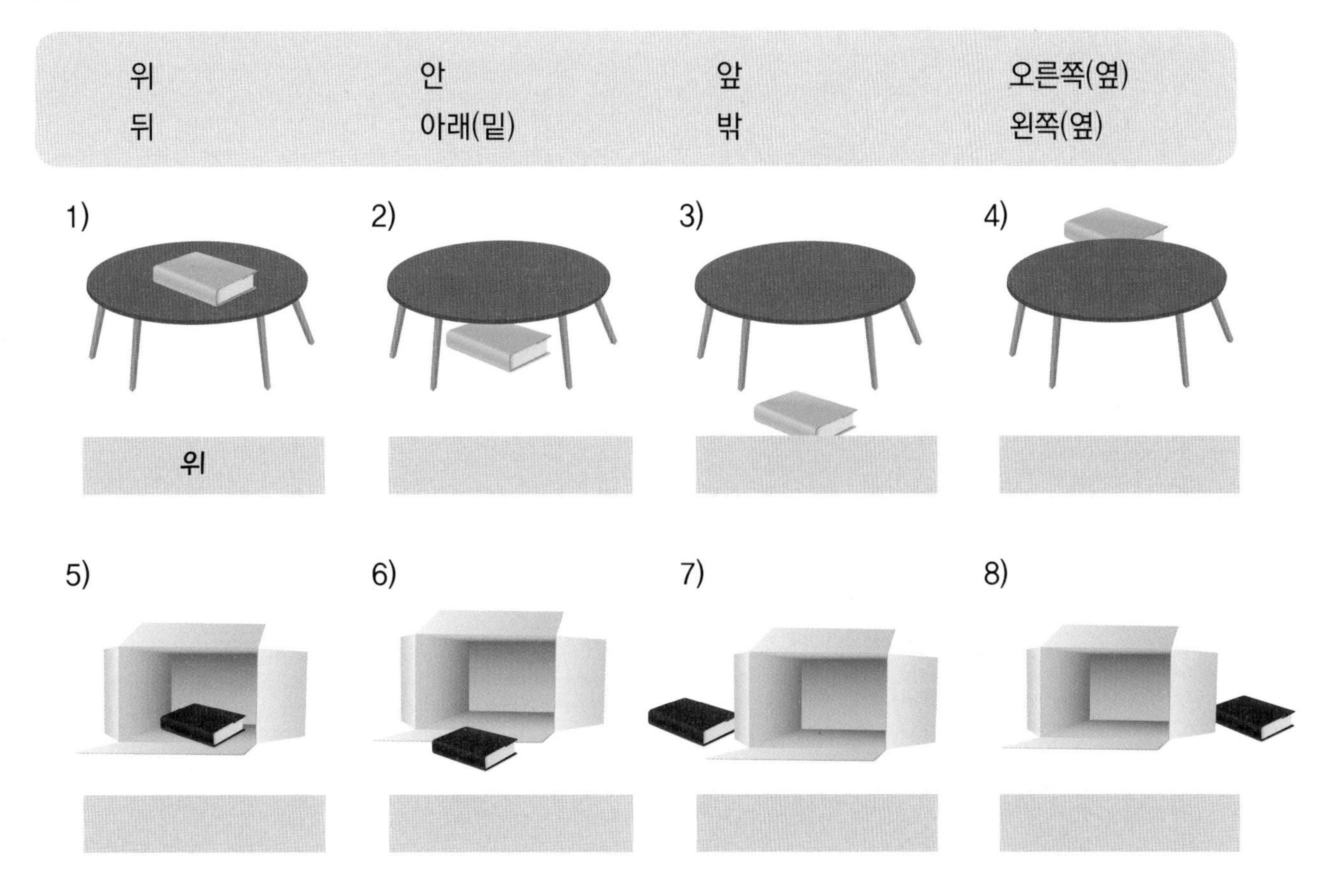

문법❶ 이/가 에 있어요/없어요

연습 1 무엇이 있습니까? 문장을 완성하십시오.

1) 모자가 있어요 __________.

2) 카메라__________.

3) 한국어책__________.

4) 우산__________.

5) 볼펜__________.

6) 안경__________.

연습 2 다음 표를 완성하십시오.

이/가 교실에 있어요		이/가 교실에 없어요	
책상	책상이 교실에 있어요.	의자	의자가 교실에 없어요.
볼펜		연필	
안경		공책	
필통		사전	
지우개		시계	

연습 3 책이 어디에 있습니까? 위치를 쓰십시오.

위 아래 옆 앞 뒤 안 밖

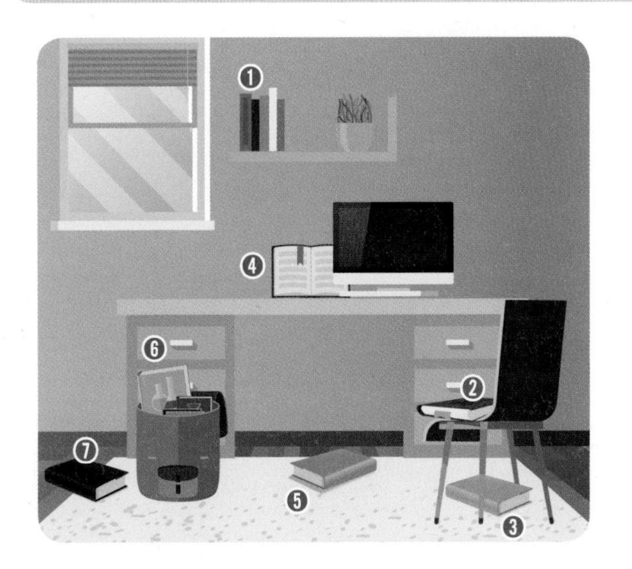

① 책이 창문 ______에 있습니다.

② 책이 의자 ______에 있습니다.

③ 책이 의자 ______에 있습니다.

④ 책이 컴퓨터 ______에 있습니다.

⑤ 책이 책상 ______에 있습니다.

⑥ 책이 가방 ______에 있습니다.

⑦ 책이 가방 ______에 있습니다.

연습 1 대화를 완성하십시오.

이 그 저

1)

가: 이분이 의사예요?

나: 아니요. _____분은 간호사예요.

2)

가: _____ 사람이 요리사예요?

나: 네, _____ 사람이 요리사예요.

연습 2 대화를 완성하십시오.

이거는 그거는 저거는

1)

가: 이거는 뭐예요?

나: ______________는 지우개예요.

2)

가: 그거는 뭐예요?

나: ______________는 모자예요.

3)

가: 저거는 뭐예요?

나: ______________는 지도예요.

문법❸ 하고

연습 1 다음 표를 완성하십시오.

	하고	와/과	(이)랑
바나나, 커피	바나나하고 커피	바나나와 커피	바나나랑 커피
책상, 의자			
연필, 지우개			
구두, 가방			

연습 2 대화를 완성하십시오.

보기 가: 뭐가 있어요?
나: 책이 있어요. 공책이 있어요. ➡ 책하고 공책이 있어요.

1) 가: 뭐가 있어요?
나: ______________ ➡ ______________.

2) 가: 뭐가 있어요?
나: ______________ ➡ ______________.

연습 3 여기는 교실입니다. 바꿔 보십시오.

보기 연필하고 지우개가 있어요. ➡ 연필과 지우개가 있어요.
➡ 연필이랑 지우개가 있어요.

1) 공책하고 볼펜이 있어요.
➡ ______________.
➡ ______________.

2) 시계하고 지도가 있어요.
➡ ______________.
➡ ______________.

3) 안경하고 휴대 전화가 있어요.
➡ ______________.
➡ ______________.

돋보기

- 와/과
  - 컴퓨터와 텔레비전
  - 안경과 모자
- (이)랑
  - 컴퓨터랑 텔레비전
  - 안경이랑 모자

1 다음 글에 맞지 않는 그림 번호를 찾으십시오.

우리 교실이에요. 교실에는 책상과 의자가 있어요. 책상 위에 볼펜과 책이 있어요. 그리고 의자 아래에 가방이 있어요. 책상 옆에 우산이 있어요. 창문 옆에 시계가 있어요. 하지만 컴퓨터는 없어요.

2 우리 교실에 뭐가 있습니까? 글을 써 봅시다.

우리 교실입니다. 교실에는

☐ 우리 ☐ 그리고 ☐ 하지만

화장실이 어디에 있어요?

1 나트 씨가 어디에 있습니까?

보기	공항	마트	식당	학교	기차역	꽃집	병원	지하철역

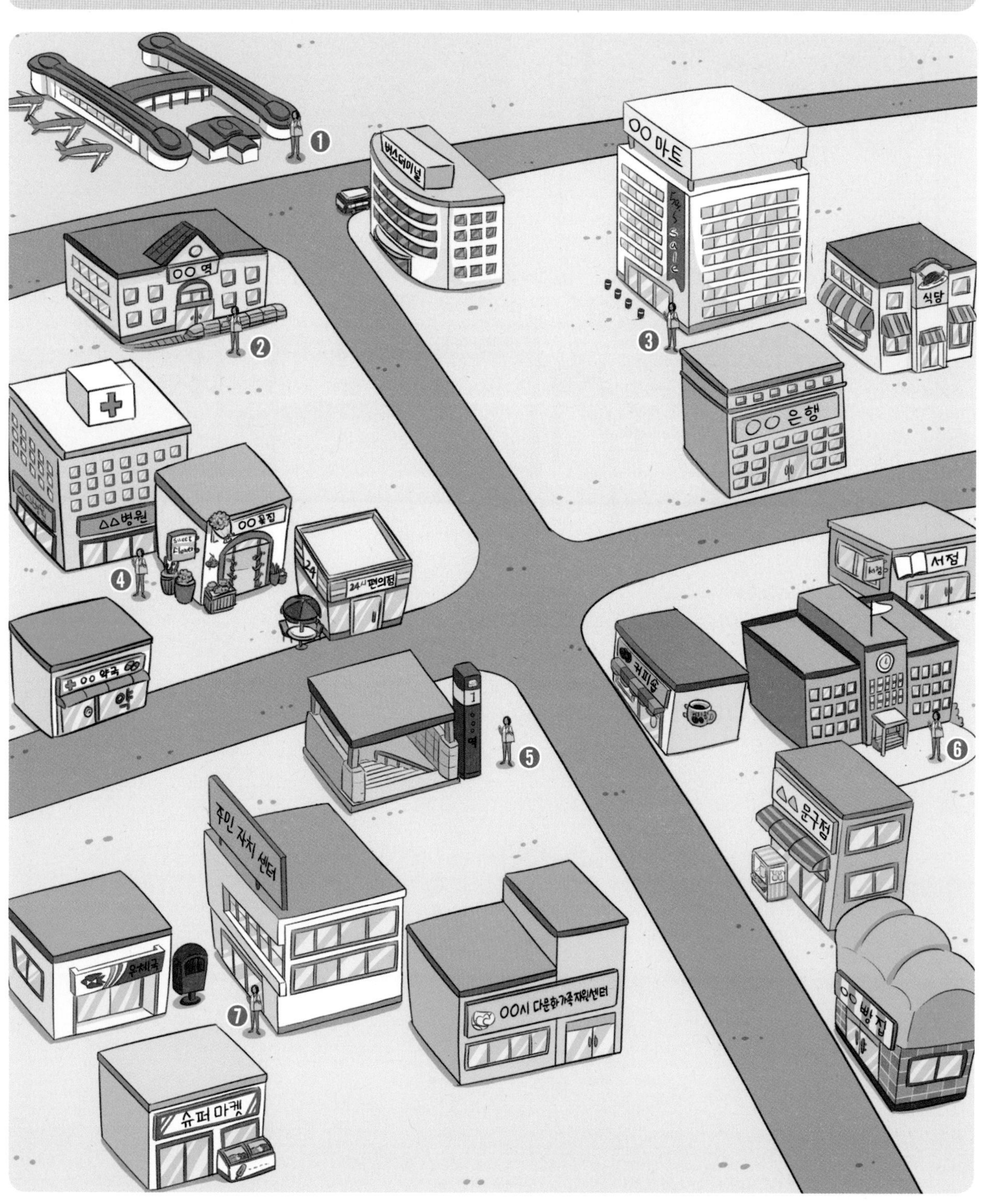

2 무엇을 합니까? 그림을 보고 쓰십시오.

먹다 마시다 읽다 자다 공부하다 가다 오다 타다

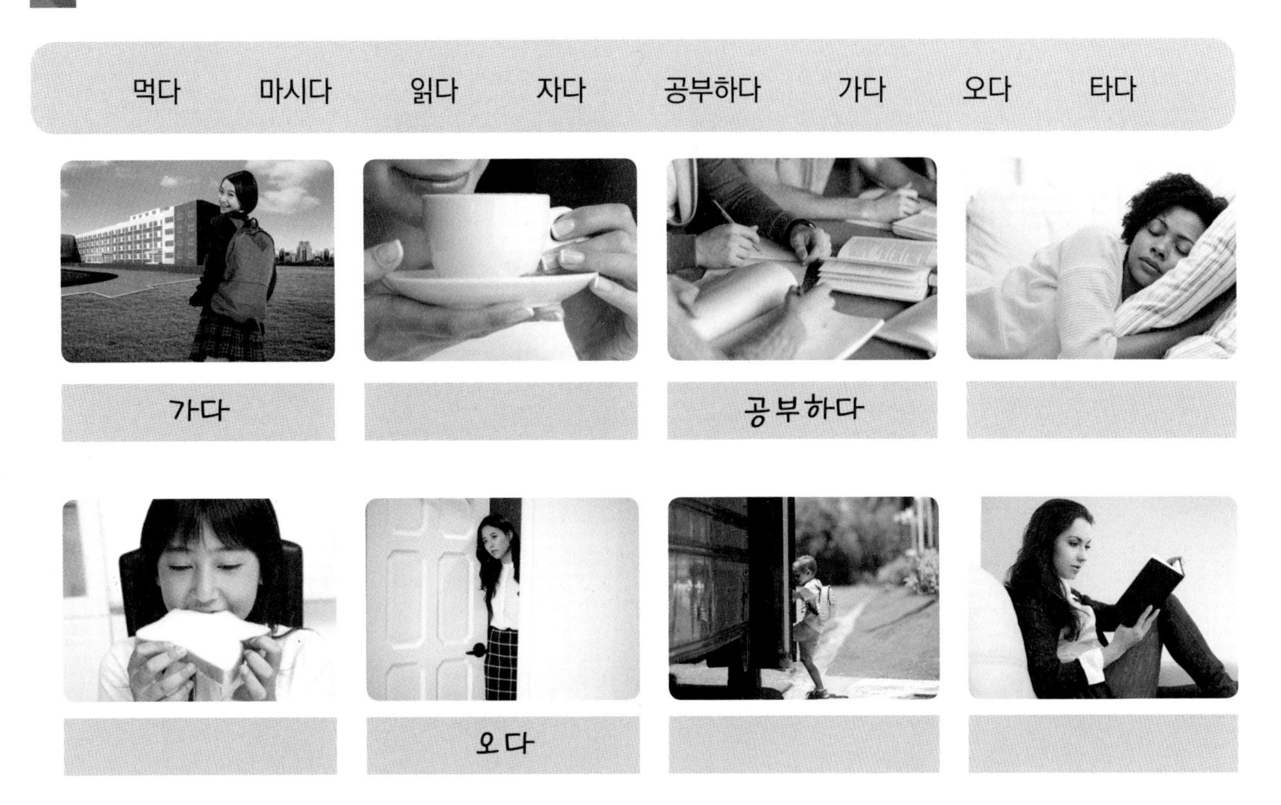

3 무엇입니까? 그림을 보고 쓰십시오.

우유 물 커피 바나나 빵 밥

문법❶ -습니다, -습니까?

연습 1 다음 표를 완성하십시오.

	-ㅂ니다	-ㅂ니까?		-습니다	-습니까?
가다	갑니다	갑니까?	먹다	먹습니다	먹습니까?
오다			많다		
공부하다			적다		
마시다			있다		
타다			없다		
자다			읽다		

연습 2 대화를 완성하십시오.

보기

가: 학생이 많습니까?

나: 네, 학생이 많습니다.

1) 

사람/적다

가: 사람이 적습니까?

나: 네, ________________.

2) 

가방/크다

가: 가방이 큽니까?

나: 네, ________________.

3) 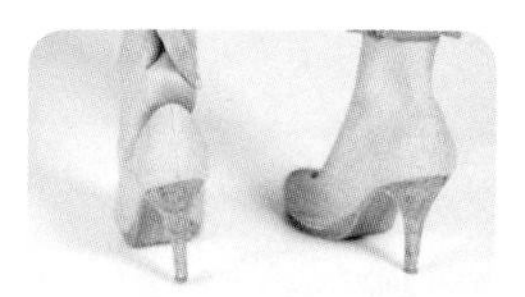

구두/작다

가: ________________?

나: ________________.

4) 

가방/작다

가: ________________?

나: ________________.

연습 3 사만나가 무엇을 합니까? 그림을 보고 이야기해 보십시오.

읽다 공부하다 마시다 먹다 가다 타다 자다

갑니다 → ________ → ________

________ → ________ → ________ → ________

연습 1 다음 표를 완성하십시오.

를		을	
커피	커피를	밥	밥을
우유		빵	
친구		책	

연습 2 알맞게 연결하고 문장을 완성하십시오.

1) 밥 • • 마시다 ➡ ____________
2) 물 • • 하다 ➡ ____________
3) 공부 • • 먹다 ➡ 밥을 먹습니다.
4) 버스 • • 타다 ➡ ____________
5) 책 • • 읽다 ➡ ____________

연습 3 무엇을 합니까? 그림을 보고 이야기해 보십시오.

문법❸ 의

연습 1 다음 표를 완성하십시오.

의				
나트	나트의	저	저의	제
한국		나		내
선생님		너		네

연습 2 그림을 보고 쓰십시오.

1)

엔젤/볼펜

보기
엔젤의 볼펜

2)

선생님/책

____

3)

나트/휴대 전화

____

4)

아미르/모자

____

연습 3 질문에 답하십시오.

보기
가: 누구의 컴퓨터예요?
나: 나레카 씨의 컴퓨터예요.

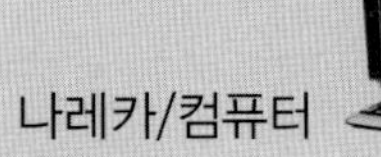
나레카/컴퓨터

1)

마이클/안경

가: 누구의 안경이에요?
나: ____________________.

2)

미셸/가방

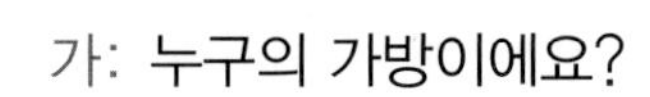
가: 누구의 가방이에요?
나: ____________________.

3)

자가/구두

가: ____________________
나: ____________________.

4)

에디/시계

가: ____________________
나: ____________________.

1 엔젤 씨가 무엇을 합니까? 잘 읽고 그림의 순서대로 번호를 쓰십시오.

❶ 

❷ 

❸ 

❹ 

⑤ 

❻ 

❼ 

⑧ 

(❷) 다문화가족지원센터에 갑니다.	( ) 커피를 마십니다.
( ) 바나나를 먹습니다.	( ) 책을 읽습니다.
( ) 잡니다.	( ) 버스를 탑니다.
( ) 한국어를 공부합니다.	( ) 밥을 먹습니다.

2 여러분은 오늘 무엇을 합니까? 쓰십시오.

주말에는 보통 집에서 쉬어요.

1 무엇을 합니까? 알맞은 표현을 쓰십시오.

보기			
일어나다	잠을 자다	한국어 숙제를 하다	음식을 만들다
장을 보다	샤워를 하다	청소를 하다	밥을 먹다
빨래를 하다	텔레비전을 보다	책을 읽다	옷을 사다

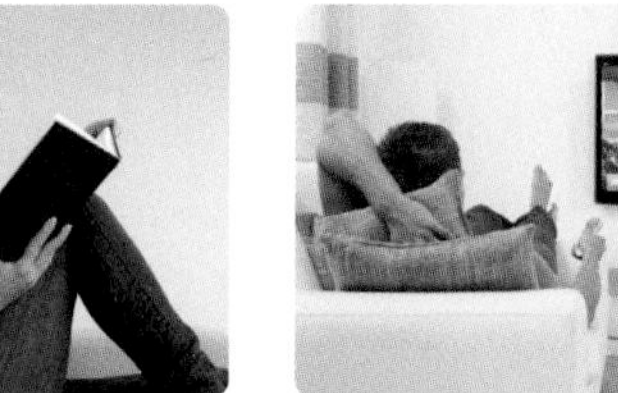

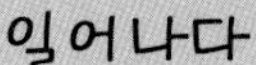

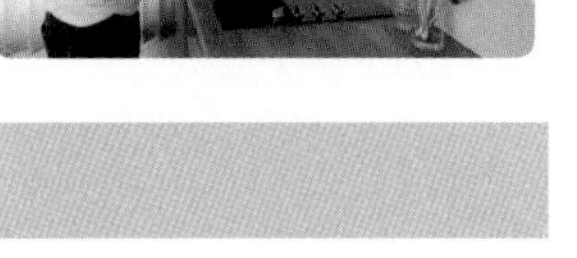

- 만들다 → 만들습니다(×) 만듭니다(○)
- 멀다 → 멀습니다(×) 멉니다(○)

2 다음은 에디 씨의 하루 일과입니다. 무엇을 합니까? 알맞은 단어를 쓰십시오.

3 어디입니까? 이야기해 보십시오.

문법❶ -아/어요

연습 1 다음 표를 완성하십시오.

-아요		-어요		해요	
앉다	앉아요	읽다		하다	
가다		먹다		공부(를) 하다	
타다		쉬다		숙제(를) 하다	
만나다		마시다		청소(를) 하다	
보다		배우다		빨래(를) 하다	

연습 2 대화를 완성하십시오.

보기

가: 나트 씨가 뭐 해요?

나: 나트 씨가 텔레비전을 봐요.

1)

가: 나레카 씨가 청소를 해요?

나: 아니요, 나레카 씨는 ______________________.

2)

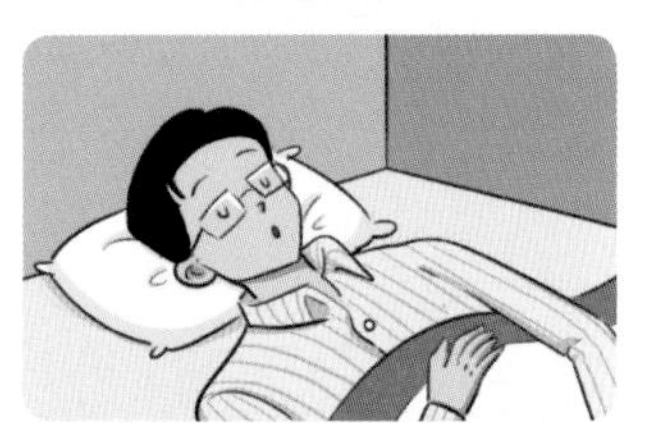

가: 석훈 씨는 지금 뭐 해요?

나: 석훈 씨는 ______________________.

3)

가: 엔젤 씨는 주말에 보통 뭐 해요?

나: 저는 주말에 보통 ______________________.

4)

가: 유미 씨는 뭐 해요?

나: 유미 씨는 ______________________.

연습 1 어디에 갑니까? 대화를 완성하십시오.

다문화가족지원센터 학교 회사 은행 약국 병원 미용실

보기

가: 나트 씨는 어디에 가요?

나: 나트 씨는 다문화가족지원센터에 가요.

1)

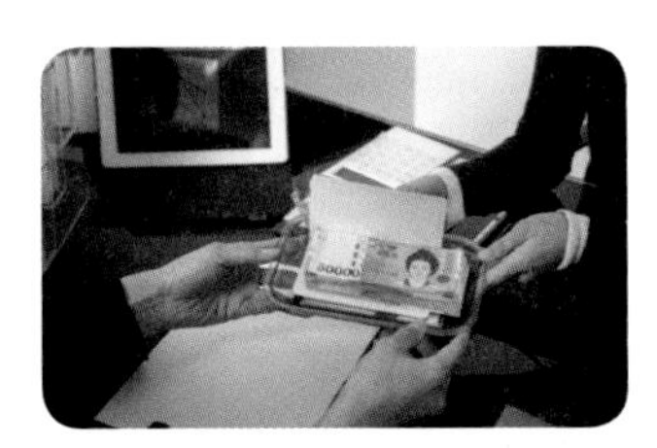

가: 에디 씨, 어디에 가요?

나: ______________________에 가요.

2)

가: 아미르 씨는 오늘 어디에 가요?

나: ______________________에 가요.

3)

가: 미셸 씨, 지금 어디에 가요?

나: ______________________에 가요.

4)

가: 엔젤 씨는 어디에 가요?

나: ______________________에 가요.

5)

가: 자가 씨는 어디에 가요?

나: ______________________에 가요.

6)

가: 나레카 씨는 학교에 가요?

나: 네, ______________________에 가요.

문법❸ 에서

연습 1 알맞게 연결하고 문장을 완성하십시오.

1)	마트 •	• 커피를 마시다	➡ 커피숍에서 커피를 마셔요.
2)	커피숍 •	• 밥을 먹다	➡ ______________
3)	옷 가게 •	• 숙제를 하다	➡ ______________
4)	식당 •	• 장을 보다	➡ ______________
5)	집 •	• 옷을 사다	➡ ______________

연습 2 어디에서 무엇을 합니까? 대화를 완성하십시오.

보기

가: 어디에서 한국어를 공부해요?

나: 학교에서 한국어를 공부해요.

1)

가: 어디에서 한국어 숙제를 해요?

나: ______________ 한국어 숙제를 해요.

2)

가: 어디에서 장을 봐요?

나: ______________ 장을 봐요.

3)

가: 오늘 어디에서 밥을 먹어요?

나: ______________ 밥을 먹어요.

4)

가: 어디에서 옷을 사요?

나: ______________ 옷을 사요.

1 여러분은 주말에 무엇을 합니까? 다음 '설문지'를 읽고 ☑ 하세요.

나의 주말

이름: 성별: (남, 여)

	네	아니요
1. 주말에 보통 한국어 숙제를 해요?	☐	☐
2. 주말에 보통 집에서 밥을 먹어요?	☐	☐
3. 주말에 보통 빨래를 해요?	☐	☐
4. 주말에 보통 마트에서 장을 봐요?	☐	☐
5. 주말에 보통 친구를 만나요?	☐	☐
6. 주말에 보통 식당에서 밥을 먹어요?	☐	☐
7. 주말에 보통 책을 읽어요?	☐	☐
8. 주말에 보통 텔레비전을 봐요?	☐	☐
9. 주말에 보통 청소를 해요?	☐	☐
10. 주말에 보통 회사에 가요?	☐	☐

감사합니다.

2 여러분은 주말에 보통 무엇을 합니까? 글을 써 봅시다.

저는 주말에 보통

☐ 남 ☐ 여

한국 생활이 어때요?

1 무엇입니까? 알맞게 쓰십시오.

음식 날씨 교통

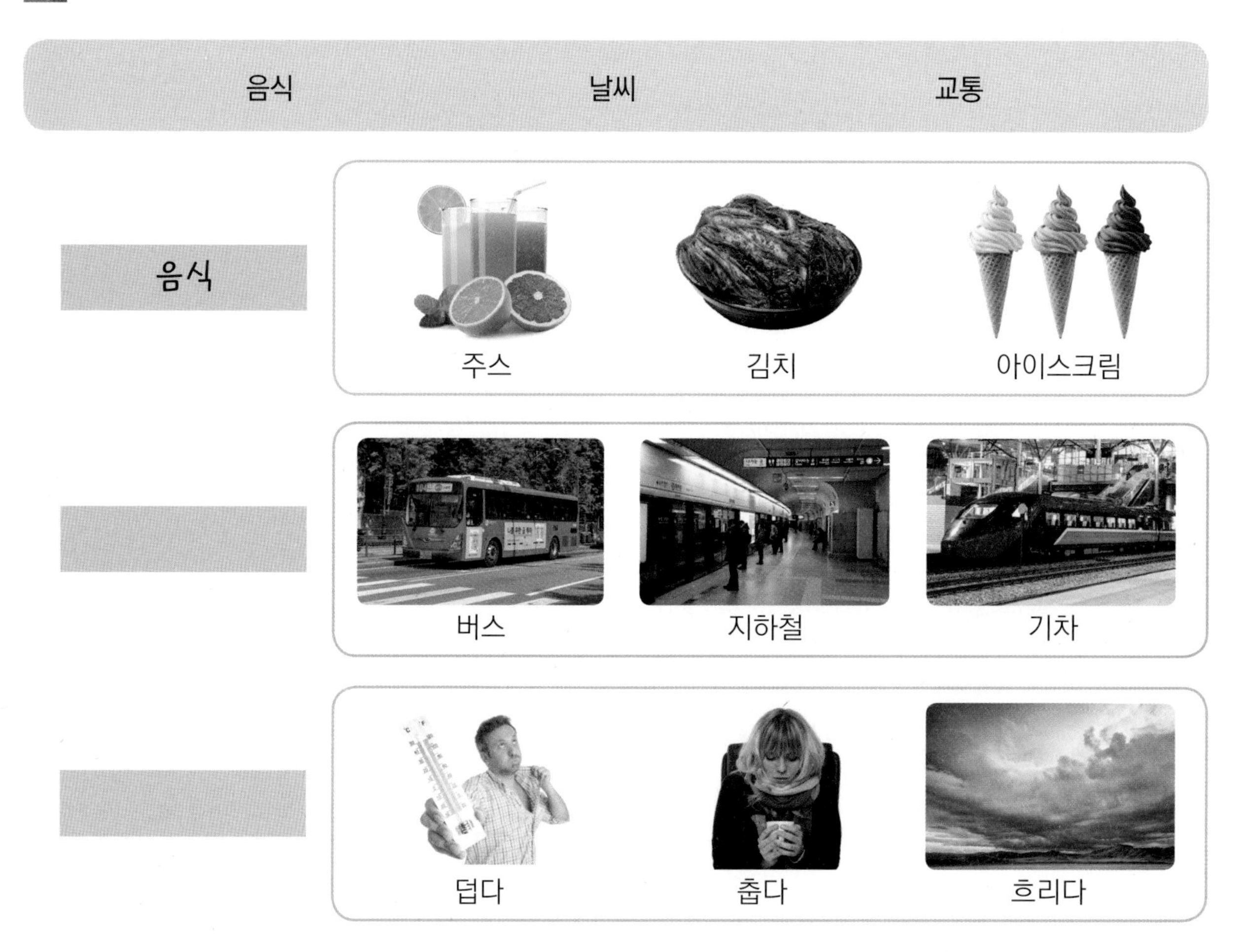

2 맛이 어떻습니까? 알맞게 연결하십시오.

3 그림을 보고 알맞은 단어를 쓰십시오.

4 날씨가 어떻습니까? 이야기해 보십시오.

바람이 불다
춥다
눈이 오다
덥다
비가 오다
흐리다

문법❶ -고

연습 1 한 문장으로 완성하십시오.

보기

지하철이 빠르다 + 지하철이 편리하다

➡ 지하철이 빠르고 편리해요.

1) 김밥이 맛있다 + 김밥이 싸다

➡ 김밥이 ______________________________.

2) 주스가 싸다 + 주스가 달다

➡ 주스가 ______________________________.

3) 공부가 쉽다 + 공부가 재미있다

➡ 공부가 ______________________________.

연습 2 한 문장으로 완성하십시오.

보기

에디는 쉬다 + 아미르는 운동하다

➡ 에디는 쉬고 아미르는 운동해요.

1) 나트는 빵을 먹다 + 자가는 커피를 마시다

➡ 나트는 ______________ 자가는 ______________.

2) 에디 씨는 공부하다 + 자가 씨는 책을 읽다

➡ ______________________________.

3) 미셸은 장을 보다 + 엔젤은 청소를 하다

➡ ______________________________.

연습 1 다음 표를 완성하십시오.

-아/어요			
쉽다	쉬워요	어렵다	
가볍다		무겁다	
덥다		춥다	
맵다		*돕다	도와요

돋보기

■ 돕다 → 도와요

연습 2 대화를 완성하십시오.

보기

가: 김치찌개가 매워요?

나: 네, 김치찌개가 매워요.

1)

가: 한국어 공부가 ______________________?

나: 네, 한국어 공부가 ______________________.

2)

가: 한국어 공부가 ______________________?

나: 네, 한국어 공부가 ______________________.

3)

가: 날씨가 ______________________?

나: 네, 날씨가 ______________________.

4)

가: 날씨가 ______________________?

나: 네, 날씨가 ______________________.

5)

가: 가방이 ______________________?

나: 네, 가방이 ______________________.

6)

가: 가방이 ______________________?

나: 네, 가방이 ______________________.

문법❸ 이/가 어때요?

연습 1 알맞게 연결하고 문장을 만드십시오.

이/가	어때요		
1) 한국 생활	덥다	↔	춥다
2) 한국 날씨	재미있다	↔	재미없다
3) 한국 교통	편하다	↔	불편하다
4) 한국 음식	쉽다	↔	어렵다
5) 한국어 공부	맛있다	↔	맛없다

한국 생활이 재미있어요. 한국 생활이 재미없어요.

연습 2 대화를 완성하십시오.

한국 생활 날씨 영화 교통 음식

보기
가: 한국 생활이 어때요?
나: 재미있어요.

1) 가: ____________________?
나: 맛있어요.

2) 가: ____________________?
나: 편리해요.

3) 가: ____________________?
나: 재미없어요.

4) 가: ____________________?
나: 추워요.

연습 3 친구의 고향에 대해 물어보십시오.

음식 날씨 교통

흐엉 씨, 베트남 OO이/가 어때요?

베트남 음식이 맛있어요.

1 다음을 읽고 맞으면 ○, 틀리면 × 하십시오.

저는 다문화가족지원센터에서 한국어를 배워요. 한국어 공부는 재미있고 쉬워요. 우리 반에는 가나 사람, 캐나다 사람, 그리고 몽골 사람이 있어요. 외국인 학생들이 열심히 한국어를 공부해요. 우리 선생님 이름은 이지영이에요. 우리 선생님은 한국어를 잘 가르치고 재미있어요.

1) 한국어 공부는 어려워요. ( )
2) 외국인 학생들이 열심히 공부해요. ( )
3) 우리 선생님은 재미없어요. ( )
4) 우리 반에 미국 사람이 없어요. ( )

2 여러분은 어디에서 한국어를 공부합니까? 반에 누가 있습니까? 메모해 보십시오.

			예	나
1	한국어	어디에서 배워요?	다문화가족지원센터	
		어때요?	재미있다, 쉽다	
2	학생	누구예요?	가나, 캐나다, 몽골	
		어때요?	열심히 공부하다	
3	선생님	누구예요?	이지영	
		어때요?	잘 가르치다, 친절하다	

3 여러분의 한국어 반을 소개하는 글을 써 봅시다.

☐ 반 ☐ 학생들 ☐ 열심히 ☐ 잘 ☐ 가르치다 ☐ 친절하다

제 생일은 6월 11일이에요.

1 다음 숫자를 읽고 쓰십시오.

1	2	3	4	5	6	7	8	9	10
일	이	삼	사	오	육	칠	팔	구	십
11	12	13	14	15	16	17	18	19	20
십일	십이	십삼	십사	십오	십육	십칠	십팔	십구	이십

2 몇 월입니까? 읽으십시오. 그리고 한글로 쓰십시오.

가: 몇 월이에요?

나: 1월(일월)이에요.

3 며칠입니까? 무슨 요일입니까? 이야기해 보십시오.

8월

월요일	화요일	수요일	목요일	금요일	토요일	일요일
		1	2	3	4	5
6	7	8	9	10	11	12
13	14	15	16	17	18	19
20	21	22	23	24	25	26
27	28	29	30	31		

가: 며칠이에요?
나: 1일이에요.

가: 무슨 요일이에요?
나: 수요일이에요.

4 다음 숫자를 읽고 쓰십시오.

1	2	3	4	5	6	7	8	9	10
하나	둘	셋	넷	다섯	여섯	일곱	여덟	아홉	열
11	12	13	14	15	16	17	18	19	20
열하나	열둘	열셋	열넷	열다섯	열여섯	열일곱	열여덟	열아홉	스물

5 몇 시입니까? 이야기해 보십시오.

가: 몇 시예요?
나: 한 시 오 분이에요.

- 하나 시(×) → 한 시(○)
- 둘 시(×) → 두 시(○)
- 셋 시(×) → 세 시(○)
- 넷 시(×) → 네 시(○)

문법❶ 날짜/요일

연습 1 우리 반 친구들의 생일입니다. 날짜를 한글로 쓰십시오. 그리고 이야기하십시오.

이름	1) 에디	2) 자가	3) 나레카	4) 엔젤	5) 나트
생일	3월 14일	6월 14일	8월 15일	10월 14일	12월 25일

1) 에디 씨의 생일은 ___삼월 십사 일___ 입니다.

2) 자가 씨의 생일은 ______________ 입니다.

3) 나레카 씨의 생일은 ______________ 입니다.

4) 엔젤 씨의 생일은 ______________ 입니다.

5) 나트 씨의 생일은 ______________ 입니다.

연습 2 달력을 보고 대화를 완성하십시오.

8월

일요일	월요일	화요일	수요일	목요일	금요일	토요일
1	2	3	4	5	6	7
8	9	10	11	12	13	14
15	16 오늘	17	18	19	20	21 아이 생일
22	23	24	25	26 친구 약속	27	28
29	30	31				

1) 가: 몇 월입니까?
나: ______________ 입니다.

2) 가: 오늘은 몇 월 며칠입니까?
나: 오늘은 ______________ 입니다.

3) 가: 오늘은 무슨 요일입니까?
나: 오늘은 ______________ 입니다.

4) 가: 아이 생일은 며칠입니까?
나: 아이 생일은 ______________ 입니다.

5) 가: 친구와의 약속은 언제입니까?
나: ______________ 입니다.

6) 가: 친구와의 약속은 무슨 요일입니까?
나: ______________ 입니다.

연습 1 알맞은 것을 찾아 문장을 완성하십시오.

에 에서

1) 다문화가족지원센터____ 한국어를 공부해요.
2) 몇 시____ 한국어를 공부해요?
3) 식당____ 친구를 만나요.
4) 7월 8일____ 생일 파티를 해요.
5) 수요일____ 한국어 시험을 봐요.

연습 2 메모를 보고 대화를 완성하십시오.

1)

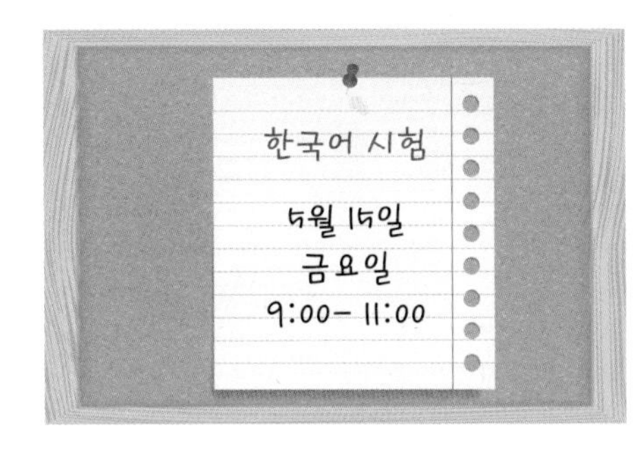

가: 몇 월 며칠에 한국어 시험을 봐요?
나: ______________________ 시험을 봐요.
가: 무슨 요일에 시험을 봐요?
나: ______________________ 시험을 봐요.
가: 시험이 몇 시에 끝나요?
나: ______________________ 끝나요.

2)

가: 며칠에 친구하고 영화를 봐요?
나: ______________________ 영화를 봐요.
가: 영화가 몇 시에 시작해요?
나: ______________________ 시작해요.

3)

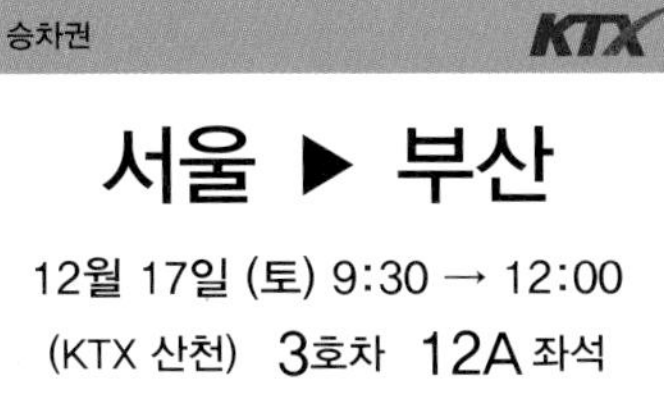

가: 몇 월 며칠에 부산에 가요?
나: ______________________ 가요.
가: 무슨 요일에 부산에 가요?
나: ______________________ 부산에 가요.
가: 몇 시에 기차를 타요?
나: ______________________ 타요.

4)

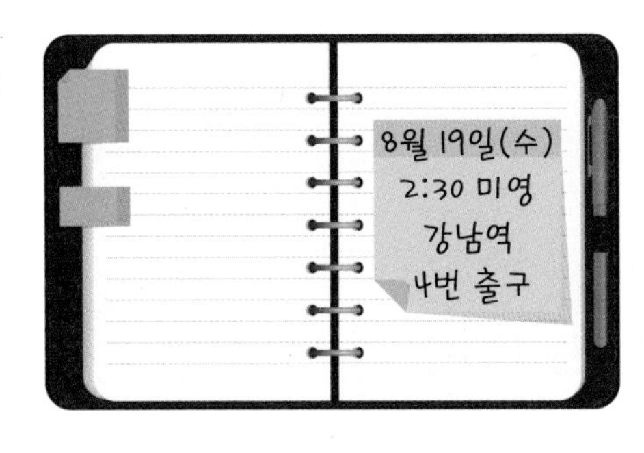

가: 친구를 언제 만나요?
나: ______________________ 만나요.
가: 몇 시에 만나요?
나: ______________________ 만나요.

문법❸ 안

연습 1 대화를 완성하십시오.

보기

가: 고기를 먹어요?

나: 아니요. 고기를 안 먹어요.

1)

가: 집에 가요?

나: 아니요. ______________________.

2)

가: 한국어를 공부해요?

나: 아니요. ______________________.

3)

가: 커피를 마셔요?

나: 아니요. ______________________.

4)

가: 컴퓨터해요?

나: 아니요. ______________________.

연습 2 대화를 완성하십시오.

보기

가: 오늘 날씨가 추워요?

나: 아니요, 춥지 않아요.

1)

가: 소고기를 먹어요?

나: 아니요, 우리 나라에서는 소고기를 ______________________.

2)

가: 영화관에 사람이 많아요?

나: 아니요. 사람들이 ______________________.

3)

가: 준수 씨, 담배를 피워요?

나: 아니요, 저는 담배를 ______________. 아내가 안 좋아해요.

4)

가: 미영 씨, 가방이 아주 커요. 무거워요?

나: 아니요, ______________________.

1 다음은 나레카 씨의 일주일입니다. 무엇을 했습니까? 잘 읽고 알맞게 연결하십시오.

저는 회사원입니다. 이번 주는 일이 많고 아주 바쁩니다. 화요일에는 회사에서 회의가 있습니다. 수요일에는 고향 친구를 만납니다. 그날은 친구의 생일입니다. 우리는 같이 식당에서 저녁을 먹습니다. 금요일에는 홍콩에 출장을 갑니다.

월요일 화요일 수요일 목요일 금요일 토요일 일요일

2 여러분은 일주일 동안 보통 무엇을 합니까? 써 봅시다.

월요일	화요일	수요일	목요일	금요일	토요일	일요일

저는 보통 월요일에

이번 주 바쁘다 회의 저녁 홍콩 출장

불고기 이 인분 주세요.

1 다음 음식은 무엇입니까? 알맞은 단어를 쓰십시오.

보기					
불고기	삼겹살	비빔밥	된장찌개	냉면	햄버거
삼계탕	김밥	떡볶이	피자	치킨	김치찌개

불고기

2 여러분은 무슨 음식을 좋아합니까? 이야기해 보십시오.

3 다음 숫자를 읽어 봅시다.

10	십
100	백
1000	천
10000	만

10		100		1000	
20		200		2000	
30		300		3000	
40		400		4000	
50		500		5000	
60		600		6000	
70		700		7000	
80		800		8000	
90		900		9000	
100		1000		10000	

150		11,100	
230		92,050	
1,100		245,000	
8,400		111,111	

4 얼마입니까? 이야기해 보십시오.

문법❶ -(으)세요

연습 1 다음 표를 완성하십시오.

-세요		-으세요	
가다	가세요	읽다	
보다		앉다	
주다		*줍다	
공부하다		*만들다	

돋보기

- 먹다 → 먹으세요(×)
  드세요(○)
- ㄹ 탈락
  - 만들다 → 만들으세요(×)
    만드세요(○)
  - 들다 → 들으세요(×)
    드세요(○)

연습 2 대화를 완성하십시오.

보기

가: 어서 오세요.

1)

가: 여기 ______________________. (앉다)

나: 네, 고마워요.

2)

가: 메뉴판 좀 주세요.

나: 네, 잠깐만 ______________________. (기다리다)

3)

가: 뭘 드릴까요?

나: 삼겹살하고 불고기 ______________________. (주다)

4)

가: 나트 씨, 3쪽 ______________________. (읽다)

나: 네.

연습 3 교실입니다. 선생님이 학생에게 이야기합니다. 쓰고 이야기해 보십시오.

보기 여기 보다 ➡ 여기 보세요.

1) 읽다 ➡ ______________________

2) 쓰다 ➡ ______________________

3) 숙제하다 ➡ ______________________

4) 공부하다 ➡ ______________________

5) 따라하다 ➡ ______________________

숫자, 단위 명사

문법❷

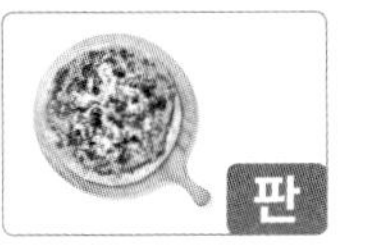

1	2	3	4	5	…	20	21
하나	둘	셋	넷	다섯		스물	스물하나
한	두	세	네	다섯	…	스무	스물한

\+ 개, 병, 잔, 그릇, 마리, 판, 조각 …

돋보기

- 사과 1개
→ 사과 한 개(○)
사과 하나 개(×)
- 커피 3잔
→ 커피 세 잔(○)
커피 셋 잔(×)
- 하나 → 한
둘 → 두
셋 → 세
넷 → 네
개 병 잔 ……

연습 1 알맞은 단어를 쓰십시오.

보기   콜라 세 병

1) 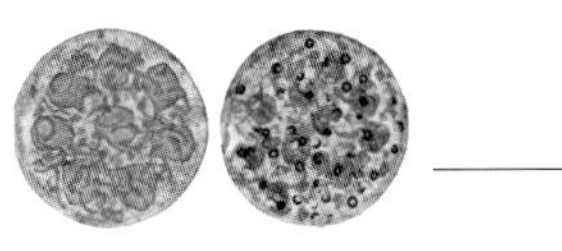 ____________

2)  ____________

3) 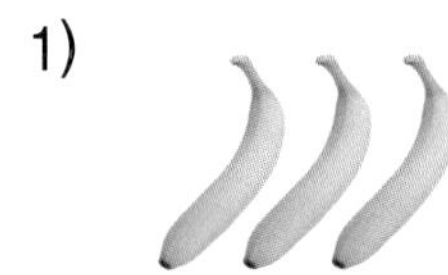 ____________

돋보기

- 냉면 한 그릇 주세요.
= 냉면 하나 주세요.
- 동생이 두 명 있어요.
= 동생이 둘 있어요.

연습 2 대화를 완성하십시오.

보기 
가: 학생이 몇 명이에요?
나: 네 명이에요.

1) 
가: 사과가 ____________?
나: ____________.

2) 
가: 냉면이 ____________?
나: ____________.

3) 
가: 물이 ____________?
나: ____________.

4) 
가: 치킨이 ____________?
나: ____________.

5) 
가: 주스가 ____________?
나: ____________.

6) 
가: 피자가 ____________?
나: ____________.

문법❸ 도

연습 1 문장을 완성하십시오.

보기 저는 우유를 좋아해요. 그리고 바나나도 좋아해요.

1) 

빵 우유

저는 아침에 빵을 먹어요.

그리고 ______________________.

2)   

요리 태권도

저는 요리를 배워요.

그리고 ______________________.

3)  

백화점 영화관

저는 오늘 백화점에 가요.

그리고 ______________________.

연습 2 대화를 완성하십시오.

보기 

가: 저는 미국 사람이에요.
나: 남편도 미국 사람이에요?
가: 네, 남편도 미국 사람이에요.

1) 

가: 저는 요즘 한국어를 배워요.
나: 남편도 한국어를 배워요?
가: 네, ______________________.

2) 

가: 제 고향은 아주 더워요. 자가 씨 고향도 더워요?
나: 네, ______________________.

3) 

가: 저는 농구를 아주 좋아해요.
아미르 씨도 농구를 좋아해요?
나: 네, ______________________.

1 다음을 읽고 맞으면 ○, 틀리면 × 하십시오.

저는 캄보디아에서 왔어요. 우리 고향 음식은 맵지 않아요. 하지만 한국 음식은 조금 매워요. 그래서 한국 음식이 입에 안 맞아요. 그런데 불고기는 안 맵고 맛있어요. 제 입에 잘 맞아요. 그래서 저는 불고기를 정말 좋아해요.

1) 캄보디아 음식은 매워요. ( )

2) 한국 음식은 안 매워요. ( )

3) 불고기는 맵고 맛있어요. ( )

4) 저는 불고기가 입에 맞아요. ( )

2 여러분이 좋아하는 한국 음식은 무엇입니까? 다음 표에 메모를 하고 친구들에게 소개하는 글을 써 보십시오.

고향	캄보디아	
고향 음식	맵지 않아요.	
한국 음식	매워요.	
입에 맞는 한국 음식	불고기-안 맵고 맛있어요.	

저는

□ 조금 □ 그런데 □ 입에 맞다 □ 정말

좀 깎아 주세요.

1 시장에 무엇이 있습니까?

과일 가게 옷 가게 분식집 채소 가게 생선 가게

2 알맞은 단어를 쓰십시오.

배추 오이 무

배추

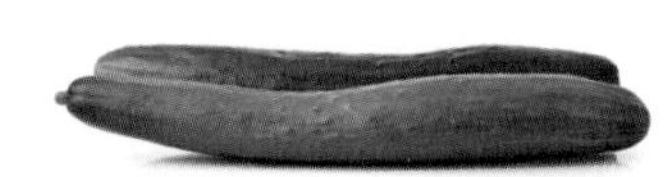

3 무슨 과일을 좋아합니까?

보기

사과

바나나

가: 사과를 좋아해요?
바나나를 좋아해요?
나: 저는 사과를 좋아해요.
사과가 맛있어요.

1)

사과

배

가: 사과를 좋아해요?
배를 좋아해요?
나: 저는 ____________________.
____________________.

2)

딸기

수박

가: 딸기를 좋아해요?
수박을 좋아해요?
나: 저는 ____________________.
____________________.

4 문장을 완성하십시오.

깎아 주다	값이 싸다	물건이 많다

저는 시장을 좋아해요. 시장에는 물건이 많아요. 시장 물건은 __________. 집 근처 마트에서 배추 한 통에 2,600원이에요. 하지만 시장에서는 배추 한 통에 2,000원이에요. 그리고 시장에서는 물건값을 __________.

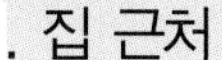

문법❶ -아/어 주세요

연습 1 다음 표를 완성하십시오.

-아 주세요		-어 주세요		해 주세요	
가다	가 주세요	바꾸다	바꿔 주세요	준비하다	준비해 주세요
깎다		가르치다		포장하다	
앉다		넣다		청소를 하다	
*돕다		*줍다		말씀하다	

연습 2 대화를 완성하십시오.

포장하다 가다 바꾸다 말씀하다 가르치다

1) 

가: 선생님, 다시 가르쳐 주세요.
나: 네, 여기 보세요.

2) 

가: 여보세요? 나트 씨 좀 ______________________.
나: 네, 잠시만요.

3) 

가: 어디로 가세요?
나: 명동역으로 ______________________.

4) 

가: 뭘 드릴까요?
나: 햄버거 일 인분(1인분) ______________________.

5) 

가: 죄송하지만 다시 ______________________.
나: 네, 다시 들으세요.

연습 1 대화를 완성하십시오.

텔레비전을 보다 음악을 듣다 책을 읽다 쉬다 밥을 먹다 청소하다

1)

가: 에디 씨는 뭐 해요?
나: 밥을 먹고 쉬어요.

2)

가: 토요일에 보통 뭐 해요?
나: ____________________.

3)

가: 나레카 씨는 저녁에 보통 뭐 해요?
나: ____________________.

연습 2 어떤 순서로 합니까? 대화를 완성하십시오.

뽑다 넣다

1)

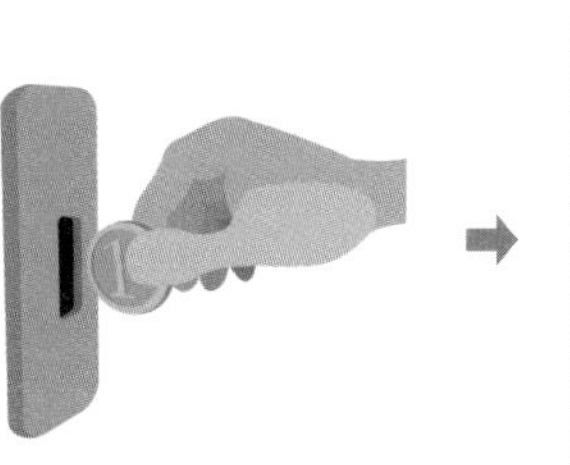

가: 어떻게 사용해요?
나: 먼저 동전을 넣고 밀크커피를 누르세요.

2)

가: 번호표를 __________ 기다리세요.
나: 알겠습니다.

문법❸ -네요

연습 1 그림을 보고 말하세요.

덥다 예쁘다 춥다 비싸다

1) 2) 3) 4)

연습 2 대화를 완성하십시오.

크다 오다 맛있다 잘하다

1)
가: 에디 씨는 키가 190cm예요.
나: 와, 정말 키가 크네요 / 크군요.

2)
가: 음식이 모두 ________ /________.
나: 고마워요. 많이 드세요.

3)
가: 자가 씨는 한국어를 정말 ________ /________.
나: 네, 아주 잘해요.

4)
가: 비가 ________ /________. 우산 있어요?
나: 아니요, 없어요.

돋보기

- -(는)군요
  - 매일 운동을 하는군요.
  - 책을 많이 읽는군요.
  - 오늘 날씨가 정말 좋군요.

1 여러분 동네에 재래시장이 있어요? 다음을 잘 읽고 질문에 답하십시오.

저는 재래시장을 좋아해요. 재래시장에는 채소 가게, 과일 가게, 생선 가게, 옷 가게, 모자 가게, 가방 가게가 있어요. 그리고 분식집도 있어요. 분식집에서 김밥, 떡볶이, 만두, 국수를 팔아요. 분식집의 음식은 싸고 맛있어요.

1) 윗글의 제목으로 맞는 것을 고르십시오.

① 식당 ② 가게 ③ 한국 음식 ④ 재래시장

2) 맞는 것을 고르십시오.

① 분식집의 음식은 비싸요.
② 분식집에서 음식을 팔아요.
③ 재래시장에 꽃 가게가 있어요.
④ 시장에 사람이 아주 많아요.

2 여러분 나라에는 재래시장이 있습니까? 무엇이 있습니까? 재래시장에서는 무엇을 팝니까? 소개를 써 보십시오.

쓰세요	한국	고향
뭐가 있어요?	채소 가게, 과일 가게, 생선 가게......분식집	
뭘 팔아요?	분식집: 김밥, 떡볶이, 만두, 국수......	
어때요?	좋아하다 싸고 맛있다	

저는 재래시장에 자주 가요.

보충·복습 듣기 (1~8과)

※ [1~4] 다음을 듣고 〈보기〉와 같이 물음에 맞는 대답을 고르십시오. Track 01

〈보 기〉

가: 공책이에요?

나: ____________________

❶ 네, 공책이에요.
② 네, 공책이 없어요.
③ 아니요, 공책이 싸요.
④ 아니요, 공책이 커요.

1. ① 네, 시계가 없어요.
② 네, 시계가 있어요.
③ 아니요, 시계가 있어요.
④ 아니요, 시계만 있어요.

2. ① 네, 안 좋아해요.
② 네, 아주 좋아해요.
③ 12시 30분이에요.
④ 아니요, 친구하고 공부해요.

3. ① 금요일이에요.
② 5월 5일이에요.
③ 아니요, 정말 재미있어요.
④ 생일 파티를 해요.

4. ① 조금 비싸요.
② 맛이 없어요.
③ 정말 재미있어요.
④ 문법이 어려워요.

※ [5~7] 다음을 듣고 <보기>와 같이 이어지는 말을 고르십시오. Track 02

〈보 기〉

가: 맛있게 드세요.

나: ____________________

① 좋겠습니다. ② 모르겠습니다.

❸ 잘 먹겠습니다. ④ 처음 뵙겠습니다.

5. ① 실례합니다. ② 안녕히 가세요.
③ 여기 앉으세요. ④ 만나서 반가워요.

6. ① 깎아 주세요. ② 포장해 주세요.
③ 다음에 또 오세요. ④ 김밥 일 인분 주세요.

7. ① 5시에 끝나요. ② 한국어를 배워요.
③ 그날은 13일이에요. ④ 오늘 친구를 만나요.

※ [8~9] 여기는 어디입니까? <보기>와 같이 알맞은 것을 고르십시오. Track 03

〈보 기〉

가: 내일까지 숙제를 꼭 내세요.

나: 네, 선생님.

❶ 교실 ② 공항 ③ 가게 ④ 병원

8. ① 식당 ② 은행 ③ 병원 ④ 서점

9. ① 마트 ② 교실 ③ 도서관 ④ 미용실

※ [10~13] 다음은 무엇에 대해 말하고 있습니까? 〈보기〉와 같이 알맞은 것을 고르십시오.

Track 04

〈보 기〉

가: 누구예요?

나: 이 사람은 형이고, 이 사람은 동생이에요.

❶ 가족 ② 친구 ③ 선생님 ④ 부모님

10. ① 날짜 ② 나이 ③ 시간 ④ 요일

11. ① 약속 ② 이름 ③ 위치 ④ 취미

12. ① 여행 ② 나라 ③ 이름 ④ 직업

13. ① 날씨 ② 주문 ③ 가족 ④ 장소

※ [14~15] 다음 대화를 듣고 알맞은 그림을 고르십시오. Track 05

14. ①

②

③

④

15. ①

③

④

보충·복습 읽기 (1~8과)

※ [1~3] 무엇에 대한 이야기입니까? 〈보기〉와 알맞은 것을 고르십시오.

〈보 기〉

사과를 먹습니다. 사과가 맛있습니다.

❶ 과일 ② 선물 ③ 생일 ④ 병원

1. 저는 회사원입니다. 자가 씨는 요리사입니다.

① 직업 ② 가족 ③ 나이 ④ 회사

2. 학교에서 공부를 합니다. 마트에서 과일을 삽니다.

① 장소 ② 교통 ③ 음식 ④ 운동

3. 토요일에 친구를 만납니다. 일요일에 청소를 합니다.

① 공부 ② 이름 ③ 주말 ④ 시간

※ [4~8] 〈보기〉와 같이 다음 (　　)에 들어갈 가장 알맞은 것을 고르십시오.

〈보 기〉

저는 (　　　　)에 갑니다. 옷을 삽니다.

① 교실 ② 식당 ❸ 백화점 ④ 분식집

4. 된장찌개는 오천 원입니다. 냉면(　　　　) 오천 원입니다.

① 에 ② 만 ③ 을 ④ 도

5. 에디 씨는 학교에서 공부합니다. 에디 씨는 (　　　　)입니다.

① 학생 ② 가수 ③ 의사 ④ 주부

6. 교실에 책상이 (   ). 하지만 시계는 없어요.

① 없어요 ② 있어요
③ 좋아요 ④ 쉬워요

7. 저는 저녁에 책을 (   ). 그리고 한국어 숙제를 합니다.

① 합니다 ② 잡니다
③ 먹습니다 ④ 읽습니다

8. 가족과 여행을 갑니다. 같이 사진을 (   ).

① 먹습니다 ② 갑니다
③ 찍습니다 ④ 합니다

※ [9~11] **다음을 읽고 맞지 <u>않는</u> 것을 고르십시오.**

9.

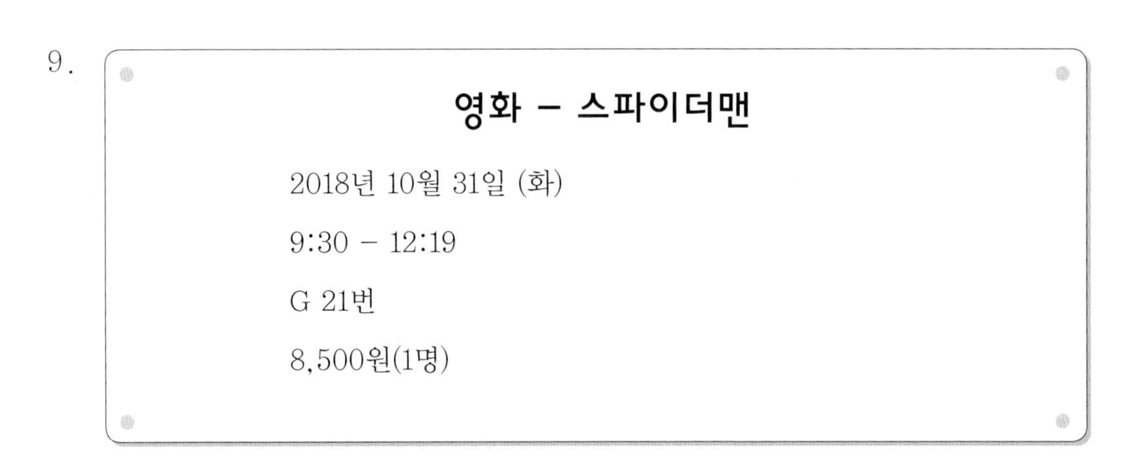
영화 – 스파이더맨

2018년 10월 31일 (화)

9:30 – 12:19

G 21번

8,500원(1명)

① 표는 팔천오백 원입니다.
② G 이십일 번에 앉습니다.
③ 시월 삼십일 일에 영화를 봅니다.
④ 영화는 아홉 시 사십 분에 시작합니다.

10.

	한국 빌딩		
3층	병원	문구점	꽃집
2층	옷 가게	커피숍	식당
1층	서점		은행

① 은행은 일 층에 있습니다.
② 꽃집 아래에 식당이 있습니다.
③ 옷 가게 옆에 커피숍이 있습니다.
④ 꽃집이 병원과 문구점 사이에 있습니다.

11.

유미 씨,
저는 매일 한국어를 공부해요.
한국어 공부가 재미있어요.
하지만 한국어가 조금 어려워요.
내일 시간이 있어요?
한국어를 가르쳐 주세요.
– 나타 –

① 나타 씨는 한국어가 어렵습니다.
② 나타 씨는 내일 시간이 있습니다.
③ 나타 씨는 내일 유미 씨를 만납니다.
④ 나타 씨는 한국어 공부를 좋아합니다.

※ [12~14] 다음의 내용과 같은 것을 고르십시오.

12.

교실에 물건이 많이 있어요. 교실에 책상하고 의자가 있어요. 책상 위에 볼펜과 책이 있어요. 연필이랑 지우개는 없어요.

① 교실에 의자가 있습니다.
② 교실에 볼펜이 없습니다.
③ 책은 연필 옆에 있습니다.
④ 지우개는 책상 위에 있습니다.

13.

저는 불고기를 좋아합니다. 불고기는 맵지 않고 맛있습니다. 제 입에 잘 맞습니다. 그래서 저는 불고기를 자주 먹습니다.

① 불고기는 맛이 없습니다.
② 불고기는 맵지 않습니다.
③ 저는 불고기를 싫어합니다.
④ 저는 불고기를 안 먹습니다.

14.

엔젤 씨는 주말 아침에 보통 공원에서 운동합니다. 그리고 커피숍에서 친구를 만납니다. 저녁에는 남편하고 같이 마트에서 장을 봅니다. 그리고 영화도 봅니다.

① 엔젤 씨는 커피숍에서 쉽니다.
② 엔젤 씨는 아침에 마트에 갑니다.
③ 엔젤 씨는 저녁에 영화를 봅니다.
④ 엔젤 씨는 공원에서 친구를 만납니다.

※ [15~16] 다음을 읽고 중심 생각을 고르십시오.

15.

한국에는 봄, 여름, 가을, 겨울이 있습니다. 여름은 날씨가 덥습니다. 그래서 저는 여름에 아이스크림을 먹습니다. 그리고 여름에는 바다에 자주 갑니다. 바다에서 사진도 찍고 수영도 합니다. 정말 재미있습니다.

① 저는 수영이 어렵습니다.
② 저는 여름을 좋아합니다.
③ 저는 바다를 싫어합니다.
④ 저는 사진을 자주 찍습니다.

16.

저는 이번 주에 일이 많습니다. 화요일에는 회사에서 회의가 있고 수요일에는 아내와 저녁 약속이 있습니다. 목요일은 아내의 생일입니다. 금요일에는 홍콩에 출장을 갑니다.

① 저는 출장을 좋아합니다.
② 저는 약속을 싫어합니다.
③ 저는 회의를 자주 합니다.
④ 저는 이번 주에 아주 바쁩니다.

※ [17~18] 다음을 읽고 물음에 답하십시오.

나레카 씨는 재래시장을 좋아합니다. 재래시장에는 채소 가게, 생선 가게, 옷 가게가 있습니다. (㉠) 분식집도 있습니다. 분식집의 음식은 싸고 맛있습니다.

17. ㉠에 들어갈 알맞은 말을 고르십시오.

① 그리고
② 그래서
③ 그런데
④ 하지만

18. 이 글의 내용과 같은 것을 고르십시오.

① 분식집의 음식은 비쌉니다.
② 재래시장에서 채소를 팝니다.
③ 나레카 씨는 재래시장에 매일 갑니다.
④ 재래시장에서는 생선을 팔지 않습니다.

※ [19~20] **다음을 읽고 물음에 답하십시오.**

저는 다문화가족지원센터에서 한국어를 배웁니다. 한국어 공부가 재미있습니다. 외국인 학생들이 모두 열심히 공부합니다. 이지영 선생님께서 우리를 (㉠). 저는 한국어 문법이 쉽습니다. 하지만 발음은 조금 어렵습니다. 저는 한국어 공부를 좋아합니다.

19. ㉠에 들어갈 알맞은 말을 고르십시오.

① 갑니다 ② 찾습니다
③ 가르칩니다 ④ 공부합니다

20. 무엇에 대한 이야기인지 맞는 것을 고르십시오.

① 다문화가족지원센터
② 한국어 공부
③ 외국인 학생
④ 한국어 선생님

주말에 친구하고 등산했어요.

1 그림을 보고 알맞은 표현을 쓰십시오.

게임을 하다	그림을 그리다	기타를 치다	낚시를 하다
노래를 하다	드라마를 보다	등산을 하다	사진을 찍다
쇼핑을 하다	여행을 하다	영화를 보다	요리를 하다
음악을 듣다	책을 읽다	춤을 추다	피아노를 치다

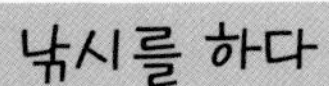

2 그림을 보고 알맞은 단어를 쓰십시오.

축구	야구	농구	볼링	배구
스케이트	스키	골프	테니스	배드민턴

하다

축구를 하다

치다

타다

3 친구들과 이야기해 보십시오.

문법❶ -았/었-

연습 1 다음 표를 완성하십시오.

-았-		-었-		-했-	
가다	갔어요	먹다	먹었어요	숙제하다	숙제했어요
만나다		읽다		여행하다	
보다		만들다		운동하다	
자다		배우다		전화하다	
타다		마시다		청소하다	
*돕다		*춥다		공부하다	

연습 2 엔젤 씨는 어제 무엇을 했습니까? 그림을 보고 알맞게 써 보십시오.

일어나다　마시다　먹다　자다　배우다　보다　오다　가르치다　타다

저는 어제 아침 일찍 보기 일어났습니다. 그리고 빵을 1) ________. 우유도 2) ________. 그리고 나서 집 앞에서 마을버스를 3) ________. 그리고 센터에서 영어를 4) ________. 수업 후에 다문화가족지원센터에서 요가를 5) ________. 오후에 집에 6) ________. 집에서 저녁을 먹고 아이하고 같이 텔레비전을 7) ________. 그리고 밤에 일찍 8) ________.

-아/어서

연습 1 다음 표를 완성하십시오.

-아서		-어서		-해서	
가다	가서	만들다	만들어서	결혼하다	결혼해서
만나다		배우다		공부하다	
받다		읽다		운동하다	
오다		빌리다		요리하다	
일어나다		바꾸다		전화하다	

연습 2 대화를 완성하십시오.

보기

영화관에 가다

영화를 보다

가: 어제 뭐 했어요?
나: 영화관에 가서 영화를 봤어요.

1)

저녁을 만들다

먹다

가: 주말에 뭐 했어요?
나: ______________________.

2)

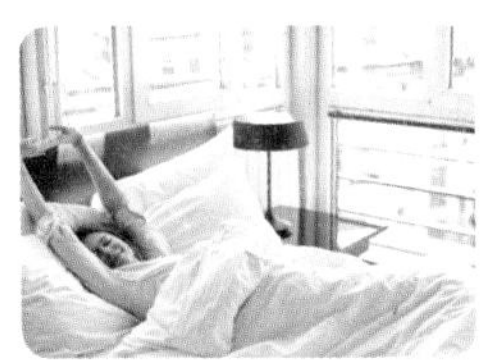
일어나다

물을 마시다

가: 오늘 아침에 뭐 했어요?
나: ______________________.

3)

친구를 만나다

쇼핑하다

가: 어제 저녁에 뭐 했어요?
나: ______________________.

4)

책을 빌리다

책을 읽다

가: 어제 오후에 뭐 했어요?
나: ______________________.

문법❸ ㄷ 불규칙

연습 1 다음 표를 완성하십시오.

	-아/어요	-았/었어요	-(으)세요	-ㅂ/습니다
*듣다	들어요			
*걷다				걷습니다
닫다		닫았어요		
받다				

연습 2 대화를 완성하십시오.

듣다　　걷다　　닫다　　받다

보기

가: 지금 뭐 해요?

나: 라디오를 들어요.

1)

가: 공원에서 뭐 해요?

나: ________________.

2)

가: 어제 뭐 했어요?

나: 음악을 ________________.

3)

가: 지금 무엇을 합니까?

나: 창문을 ________________.

4)

가: 지금 뭐 해요?

나: 선물을 ________________.

1 **나레카 씨의 어제 일과입니다. 다음을 읽고 맞으면 ○, 틀리면 X 하십시오.**

아침 7시에 일어나서 샤워했어요. 샤워를 하고 아침을 먹었어요. 그리고 9시에 다문화가족지원센터에 가서 한국어를 공부했어요. 다문화가족지원센터에 걸어서 갔어요. 12시 30분에 친구랑 식당에 가서 점심을 먹었어요. 오후 3시에 집에 와서 음악을 듣고 숙제를 했어요. 그리고 5시에 태권도를 배웠어요. 저녁 7시쯤 저녁을 먹고 10시에 드라마를 봤어요. 그리고 12시에 잠을 잤어요.

1) 아침에 일어나서 운동했어요. ( )

2) 버스를 타고 다문화가족지원센터에 갔어요. ( )

3) 오후에는 집에서 음악을 들었어요. ( )

2 **어제 무엇을 했습니까? 나의 일과를 써 보십시오.**

08:00 어제는 일요일이었어요. 아침 8시에 일어나서

11:00

03:00

08:00

11:30

☐ 점심 ☐ 태권도 ☐ 드라마

가족과 놀이공원에 갈 거예요.

1 달력을 보고 알맞은 단어를 찾아보십시오.

그저께(그제) - 어제 - 오늘 - 내일 - 내일모레(모레)　　작년 - 올해 - 내년
지난주 - 이번 주 - 다음 주　　오전 - 오후

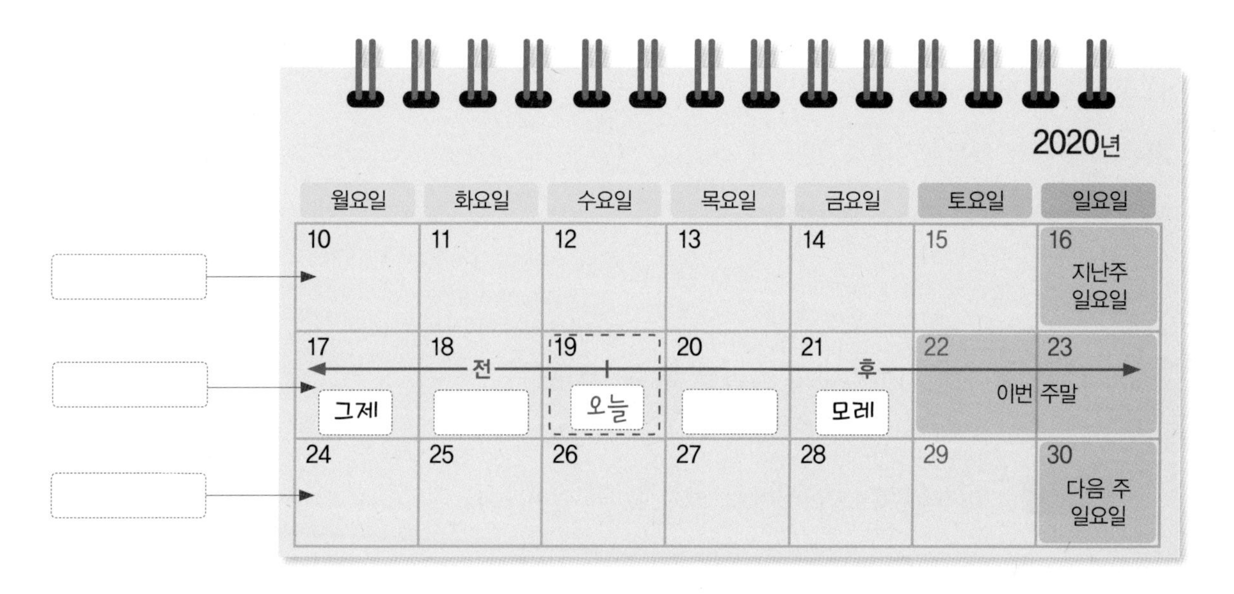

2 문장을 완성하십시오.

보기　밤　아침　새벽　저녁　점심

3 일정을 보고 이야기해 보십시오.

2020년 **1월**

월요일	화요일	수요일	목요일	금요일	토요일	일요일
6 한국어 수업 10:00	7	8	9	10 한국어 수업 10:00	11 쇼핑 16:00	12
13 한국어 수업 10:00	14	15 오늘	16 영화 20:00	17 한국어 수업 10:00	18	19
20 한국어 수업 10:00	21 여행 출발 9:00	22 휴가	23 여행 도착 21:00	24 한국어 수업 10:00	25	26
27 한국어 수업 10:00	28	29	30 남편 생일			

보기 (작년, 올해, 내년)은/는 2020년이에요.

돋보기
- 오늘에(×) → 오늘
  내일에(×) → 내일
  어제에(×) → 어제

1) (지난 달, 이번 달, 다음 달)은 1월이에요.

2) (매주, 매달, 매년) 월요일, 금요일 오전 10시에 한국어 수업이 있어요.

3) (지난주, 이번 주, 다음 주) 토요일에 백화점에서 쇼핑했어요.

4) (어제, 오늘, 내일) 밤에 영화를 봐요.

5) (지난주, 이번 주, 다음 주) 21일부터 23일까지 휴가예요.

6) 23일 (아침, 점심, 저녁)에 여행에서 돌아와요.

문법❶ -(으)ㄹ 거예요 1

연습 1 다음 표를 완성하십시오.

-ㄹ 거예요		-을 거예요	
가다	갈 거예요	먹다	먹을 거예요
보다		읽다	
하다		*만들다	
마시다		*돕다	
쉬다		*듣다	

연습 2 대화를 완성하십시오.

운동하다 　 가다 　 사다 　 보다 　 먹다 　 만나다

월요일	화요일	수요일	목요일	금요일	토요일	일요일
6	7	8 오늘 운동 21:00	9 친구 약속 식당 13:00 시장 18:30	10 한국어 시험 09:00	11 강릉 여행	12 강릉 여행

오늘은 수요일이에요. 오늘 저녁에는 집 앞 운동장에서 1) ________. 내일은 고향 친구와 약속이 있어요. 우리는 식당에서 밥을 2) ________. 그리고 같이 점심을 3) ________. 저녁에는 시장에 가서 야채를 4) ________. 내일모레는 한국어 시험을 5) ________. 주말에는 가족들과 함께 강릉 여행을 6) ________.

연습 3 문장을 완성하십시오.

1) 

배우다

가: 센터에서 뭐 배울 거예요?

나: 컴퓨터를 ____________________.

2) 

만들다

가: 저녁에 뭐 할 거예요?

나: 집에서 만두를 ____________________.

연습 1 대화를 완성하십시오.

보기 가: 주말에 보통 뭐 할 거예요? (쉬다 / 청소하다)
나: 쉬거나 청소를 할 거예요.

1) 가: 아침에 보통 뭐 먹어요? (사과를 먹다 / 우유를 마시다)
나: ______________________________.

2) 가: 방학에 어디 갈 거예요? (부산에 가다 / 고향에 가다)
나: ______________________________.

3) 가: 주말에 아이하고 보통 뭐 해요? (놀이터에 가다 / 영화를 보다)
나: ______________________________.

4) 가: 주말에 보통 뭐 해요? (집에서 쉬다 / 외식을 하다)
나: ______________________________.

연습 2 대화를 완성하십시오.

보기

가: 대구역에 어떻게 가요?
나: 지하철이나 버스를 타고 가요.

1)

가: 무슨 수업을 들을 거예요?
나: ______________ 수업을 들을 거예요.

2)

가: 휴가에 어디에 갈 거예요?
나: ______________에 갈 거예요.

3)

가: 뭘 시킬까요?
나: ______________를 시킵시다.

4)

가: 아이 생일에 뭘 살 거예요?
나: ______________을 살 거예요.

문법❸ -(으)러 가다/오다

연습 1 다음 표를 완성하십시오.

-러 가다/오다		-으러 가다/오다	
보다	보러 가요/와요	먹다	먹으러 가요/와요
사다		받다	
공부하다		*만들다	
가르치다		*줍다	
배우다		*듣다	

연습 2 다음 장소에 왜 갑니까? 두 문장을 연결하고 아래의 문장을 완성하십시오.

	가는 목적	가는 장소
보기	요리 수업하다	은행에 가요
1)	환전하다	백화점에 갔어요
2)	선물을 사다	친구가 올 거예요
3)	한국 여행하다	우체국에 갈 거예요
4)	소포를 보내다	다문화가족지원센터에 가요

보기 요리 수업을 하러 다문화가족지원센터에 가요.

1) ________________________________.

2) ________________________________.

3) ________________________________.

4) ________________________________.

연습 3 다음 장소에 왜 갑니까? 이야기해 보십시오.

보기

가: 어디에 가요?

나: 친구를 만나러 커피숍에 가요.

1) 

마트

2) 

다문화가족지원센터

3) 

식당

4) 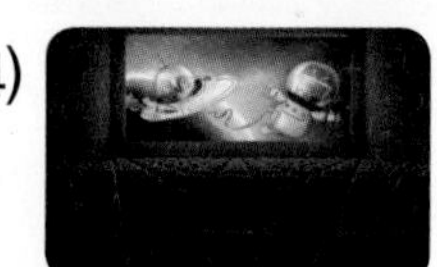

영화관

5) 

우체국

1 나트 씨의 여름 휴가 계획입니다. 잘 읽고 질문에 답하십시오.

다음 달 16일부터 27일은 석훈 씨의 여름 휴가입니다. 그래서 저와 석훈 씨는 부모님을 만나러 태국에 갈 겁니다. 제 고향은 태국 치앙마이입니다. 치앙마이는 아름답고 바다에서 아주 가깝습니다. 그래서 근처 바다에 가서 수영을 하거나 낚시를 할 겁니다. 그리고 태국은 과일이 아주 싸고 맛있습니다. 저는 두리안을 아주 좋아합니다. 그래서 두리안을 매일 많이 사서 먹을 겁니다.

1) 나트 씨의 고향은 어디입니까?

____

2) 나트는 태국에서 무엇을 안 할 거예요?

① 부모님과 태국에 갈 거예요.　② 수영을 할 거예요.
③ 낚시를 할 거예요.　④ 두리안을 사서 먹을 거예요.

3) 맞으면 ○, 틀리면 × 하십시오.

① 치앙마이는 바다가 가깝습니다 (　　)
② 두리안은 비쌉니다. (　　)

2 여러분은 휴가(/방학)에 무엇을 할 겁니까? 메모하고 계획을 써 보십시오.

언제예요?	
어디에 갈 거예요?	
뭐 할 거예요?	

저는 이번 휴가(/방학)에

____

____

____

____

달　여름 휴가　아름답다　가깝다　바다　낚시(를) 하다　과일　두리안

터미널에 어떻게 가요?

1 그림을 보고 알맞은 단어를 쓰십시오.

비행기　기차　배　버스　지하철　자전거　오토바이　택시

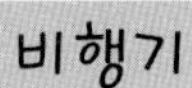

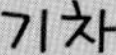

2 여러분은 집에 어떻게 갑니까? 이야기해 보십시오.

보기

가: 집에 어떻게 가요?

나: 마을버스를 타요.

1) 

2) 

3) 

4) 

3 어디에서 무엇을 탑니까? 그림을 보고 알맞게 연결하십시오.

1) 공항　2) 지하철역　3) 버스 정류장　4) 기차역　5) 고속버스 터미널

①  ②  ③  ④  ⑤ 

4 에디 씨가 무엇을 합니까? 그림을 보고 쓰십시오.

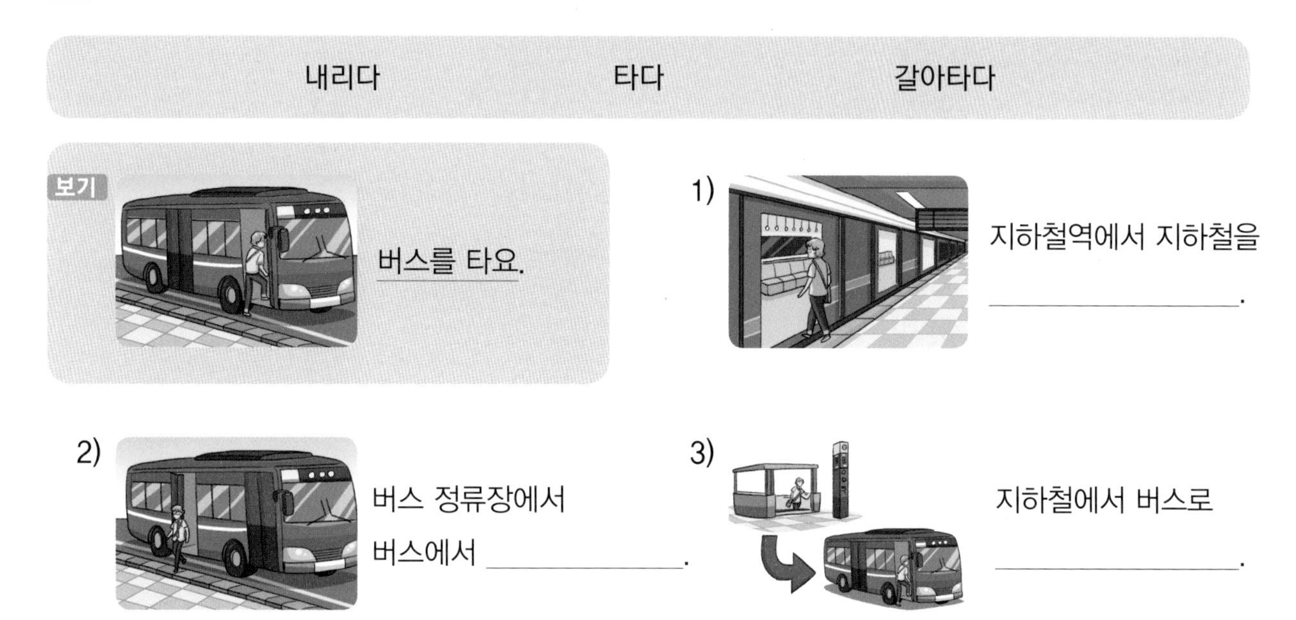

내리다　　타다　　갈아타다

보기 버스를 타요.

1) 지하철역에서 지하철을 ____________.

2) 버스 정류장에서 버스에서 ____________.

3) 지하철에서 버스로 ____________.

5 무엇입니까? 읽으십시오.

문법❶ -(으)려고 하다

연습 1 다음 표를 완성하십시오.

-려고 하다		-으려고 하다	
가다	가려고 하다	먹다	
보다		읽다	
하다		*만들다	
배우다		*돕다	
쉬다		*듣다	

연습 2 문장을 완성하십시오.

보기

버스/타다 에디 씨는 버스를 타려고 해요.

1)

라면/먹다 자가 씨는 ______________________.

2)

잠/자다 지영 씨는 ______________________.

연습 3 대화를 완성하십시오.

보기

백화점/쇼핑
가: 주말에 뭐 할 거예요?
나: 백화점에서 쇼핑하려고 해요.

1)

김밥/먹다
가: 점심에 뭐 먹을 거예요?
나: ______________________.

2)

케이팝/듣다
가: 무슨 노래를 들을 거예요?
나: ______________________.

연습 1 다음 표를 완성하십시오.

로		으로	
버스	버스로	손	
비행기		젓가락	
*연필		볼펜	
*지하철		인터넷	

연습 2 여러분 고향에서는 음식을 어떻게 먹습니까? 이야기해 보십시오.

손 숟가락 젓가락 포크 나이프

보기

손으로 먹어요.

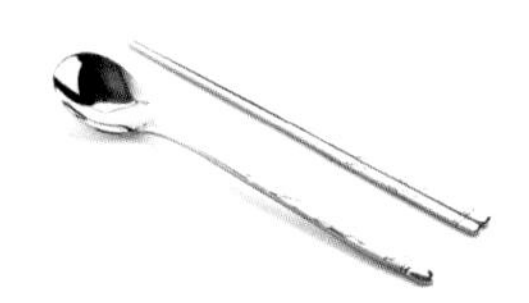

연습 3 대화를 완성하십시오.

인터넷 핸드폰(휴대 전화) 신용 카드

보기

가: 비행기표 샀어요?
나: 네, 인터넷으로 샀어요.

1)

가: 고향 친구하고 어떻게 연락해요?
나: ________________ 연락해요.

2)

가: 뭐로 드라마를 봐요?
나: ________________ 봐요.

3)

가: 뭐로 계산할 거예요?
나: ________________ 계산하려고 해요.

문법❸ 에서 까지

연습 1 여러분은 서울까지 어떻게 갑니까? 문장을 완성하십시오.

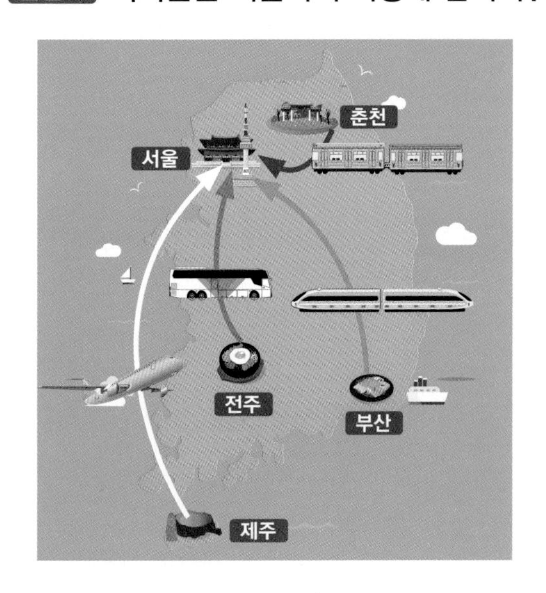

보기 부산에서 서울까지 KTX로 갔어요.

1) ______________________________.

2) ______________________________.

3) ______________________________.

연습 2 대화를 완성하십시오.

보기
가: 은행까지 얼마나 걸려요?
나: 집에서 은행까지 15분쯤 걸려요.

1) 가: 집에서 병원까지 얼마나 걸려요?
나: ______________________________.

2) 가: 집에서 지하철역까지 ______________?
나: 10분쯤 걸려요.

3) 가: 집에서 마트가 멀어요?
나: 아니요, 가까워요. ______________.

4) 가: 집에서 학교가 가까워요?
나: 조금 멀어요. ______________.

1 다음을 읽고 질문에 답하십시오.

태국의 교통수단

1. 지하철

요금이 쌉니다. 하지만 사람이 아주 많습니다. 환승이 복잡하고 어렵습니다.

2. 버스

요금이 쌉니다. 하지만 길이 아주 복잡합니다. 그래서 시간이 아주 오래 걸립니다.

3. 툭툭

한국에는 없습니다. 툭툭은 태국 택시입니다. 바퀴가 세 개 있습니다. 요금은 택시 기사하고 이야기합니다.

4. 수상 택시

강에서 탑니다. 안 막힙니다. 요금은 조금 비쌉니다.

1) 맞는 것을 고르십시오.

① 툭툭은 한국에도 있습니다.　② 수상 택시는 많이 막힙니다.

③ 태국 지하철은 요금이 비쌉니다.　④ 태국 버스는 시간이 오래 걸립니다.

2 여러분 나라의 교통수단에 대해서 메모를 하십시오.

	한국의 교통수단	나라: ____________의 교통수단
종류	지하철, 버스, 툭툭, 수상 택시	
요금	버스, 지하철: 싸요 수상 택시: 비싸요	
어때요?	길이 항상 막혀요. 지하철 환승이 어려워요. 버스에 사람이 많아요.	

3 여러분 나라의 교통수단을 소개하는 글을 써 봅시다.

□ 교통수단　□ 요금　□ 환승　□ 복잡하다　□ 길　□ 오래

□ 바퀴　□ 택시 기사　□ 이야기하다　□ 수상 택시　□ 강　□ 막히다

김치를 만들 수 있어요.

1 무엇을 합니까? 그림을 보고 알맞은 표현을 쓰십시오.

한국말을 하다	된장찌개를 만들다	한국어책을 읽다	한국 노래를 하다
김치를 만들다	막걸리를 마시다	소주를 마시다	혼자 한국 여행을 하다

한국말을 하다

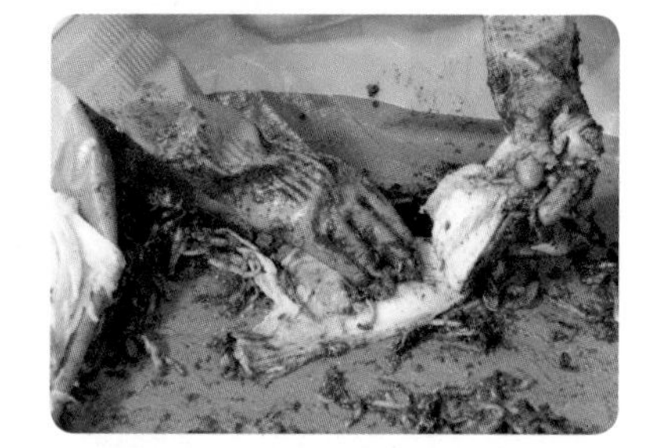

한국 음식을 만들다

2 반대 의미와 연결하십시오.

재미있다 •	• 불편하다
맛있다 •	• 느리다
친절하다 •	• 불친절하다
편리하다 •	• 재미없다
좋다 •	• 나쁘다
싸다 •	• 춥다
쉽다 •	• 적다
덥다 •	• 맛없다
빠르다 •	• 비싸다
많다 •	• 어렵다

3 여러분은 한국 생활이 어떻습니까?

가: 한국 드라마가 어때요?

나: 한국 드라마가 재미있어요.

보기 한국 드라마가 재미있어요.

1) 한국 음식__________.

2) 한국 사람__________.

3) 한국어 공부__________.

4) 한국 날씨__________.

5) 한국 물건__________.

문법❶ -지만

연습 1 한국 생활이 어떻습니까? 문장을 완성하십시오.

보기 한국어가 어렵지만 재미있어요. (어렵다 / 재미있다)

1) 한국 음식이 ______________________. (비싸다 / 맛있다)

2) 한국 날씨가 ______________________. (덥다 / 바람이 불다)

3) 한국 택시가 ______________________. (비싸다 / 편하다)

연습 2 대화를 완성하십시오.

보기 가: 고향 음식이 어때요? (맵다 / 맛있다)
나: 맵지만 맛있어요.

1) 가: 과일이 어때요? (비싸다 / 맛있다)
나: ______________________.

2) 가: 이 휴대 전화가 어때요? (비싸다 / 좋다)
나: ______________________.

3) 가: 동대문 시장이 어때요? (멀다 / 싸다)
나: ______________________.

연습 3 에디 씨는 전라도 여행을 했습니다. 여행이 어땠습니까? 문장을 완성하십시오.

보기

고속열차	□ 싸다	☑ 비싸다
	☑ 편리하다	□ 불편하다

고속 열차가 비싸지만 편했어요.

전라도 여행	□ 가깝다	☑ 멀다
	☑ 재미있다	□ 재미없다

____

전라도 음식	☑ 짜다	□ 달다
	☑ 맛있다	□ 맛없다

____

전주 비빔밥	□ 짜다	☑ 맵다
	☑ 맛있다	□ 맛없다

____

연습 1 다음 표를 완성하십시오.

-ㄹ 수 있다/없다		-을 수 있다/없다	
가다	갈 수 있다	먹다	먹을 수 있다
보다		읽다	
보내다		*만들다	
마시다		*줍다	
하다		*듣다	

연습 2 대화를 완성하십시오.

보기 가: 한국어를 할 수 있어요?
나: 네, 할 수 있어요.

1) 가: 고향 음식을 만들 수 있어요?
나: 네, ______________________.

2) 가: 김치를 먹을 수 있어요?
나: 아니요, ______________________.

3) 가: 한국에서 고향 텔레비전을 볼 수 있어요?
나: 아니요, ______________________.

연습 3 나레카 씨는 무엇을 할 수 있습니까? 무엇을 할 수 없습니까? 쓰십시오.

보기
☑ 한국어책을 읽다
☐ 중국어책을 읽다
한국어책은 읽을 수 있지만 중국어책은 읽을 수 없어요.

1)
☑ 일본어를 하다
☐ 영어를 하다
____

2)
☐ 막걸리를 마시다
☑ 소주를 마시다
____

3)
☑ 컴퓨터를 하다
☐ 운전을 하다
____

문법❸ 못

연습 1 다음 표를 완성하십시오.

못	
가다	못 가다
마시다	
먹다	
부르다	
듣다	
공부하다	공부를 못 하다
숙제하다	

돋보기

- -지 못하다
  - 저는 자전거를 타지 못해요.
  - 저는 춤을 잘 추지 못해요.
  - 저는 떡볶이를 먹지 못해요.

연습 2 자가 씨는 무엇을 못 합니까? 대화를 완성하십시오.

보기

가: 한국어를 할 수 있어요?

나: 아니요. 한국어를 못 해요. / 한국어를 하지 못해요.

1)

가: 소주 마실 수 있어요?

나: 아니요. ______________. / ______________.

2)

가: 한국 노래를 부를 수 있어요?

나: 아니요. ______________. / ______________.

3)

가: 된장찌개를 만들 수 있어요?

나: 아니요. ______________. / ______________.

4)

가: 태권도를 할 수 있어요?

나: 아니요. ______________. / ______________.

1 아미르 씨는 무엇을 할 수 있습니까? 잘 읽고 ○ 하십시오.

저는 인도 사람입니다. 저는 영어하고 힌디어를 할 수 있습니다. 그리고 한국어도 조금 할 수 있습니다. 저는 소고기를 안 먹습니다. 하지만 돼지고기는 먹을 수 있습니다. 그리고 저는 요리를 아주 좋아합니다. 주말에 보통 집에서 요리를 합니다. 저는 한국 음식하고 인도 음식을 만들 수 있습니다. 지금 저는 컴퓨터 회사에 다닙니다. 컴퓨터를 아주 잘할 수 있습니다. 하지만 운전을 못합니다. 그래서 주말에 운전을 배웁니다. 운전은 어렵지만 재미있습니다.

할 수 있어요?	네	아니요	할 수 있어요?	네	아니요
1) 영어를 하다			2) 힌디어를 하다		
3) 소고기를 먹다			4) 돼지고기를 먹다		
5) 한국 음식을 만들다			6) 인도 음식을 만들다		
7) 컴퓨터를 하다			8) 운전을 하다		

2 여러분은 무엇을 할 수 있습니까? ○ 하십시오. 그리고 글을 쓰십시오.

할 수 있어요?	네	아니요	할 수 있어요?	네	아니요
한국어를 하다			한국어책을 읽다		
한국 노래를 하다			한국 술을 마시다		
한국 음식을 만들다			고향 음식을 만들다		
컴퓨터를 하다			운전을 하다		

저는 한국어를 조금 할 수 있습니다.

☐ 힌디어 ☐ 소고기 ☐ 돼지고기 ☐ 다니다 ☐ 아주 ☐ 운전(을) 하다 ☐ 조금

13 가족들에게 선물을 보내고 싶어요.

1 무슨 색입니까? 쓰십시오.

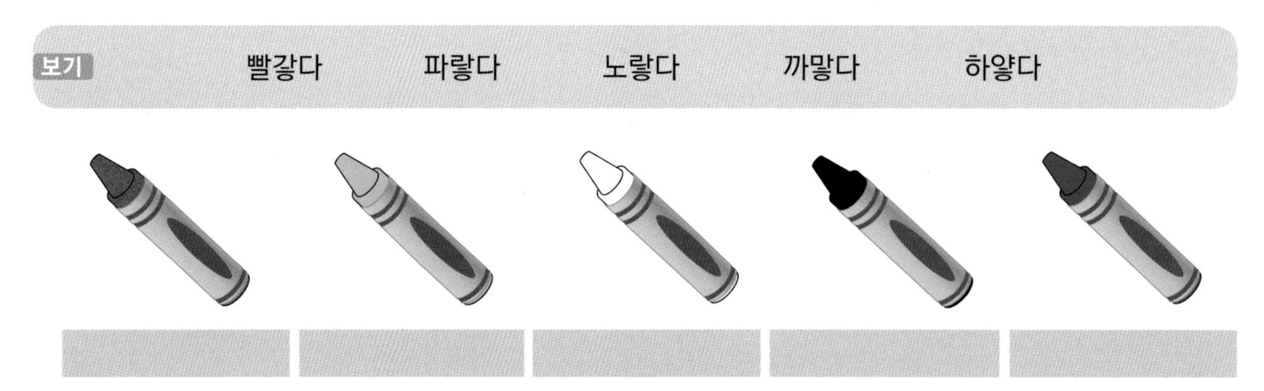

보기 빨갛다 파랗다 노랗다 까맣다 하얗다

2 여러분은 무슨 색을 좋아합니까? 이야기하십시오.

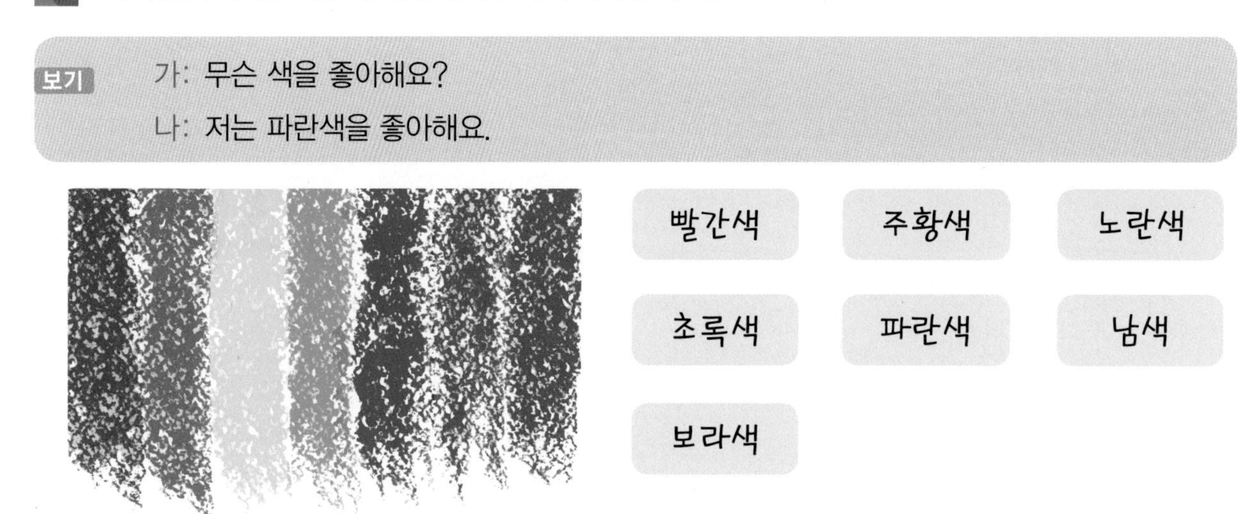

보기
가: 무슨 색을 좋아해요?
나: 저는 파란색을 좋아해요.

빨간색 주황색 노란색
초록색 파란색 남색
보라색

3 무슨 옷을 입었어요? 색과 함께 이야기하십시오.

4 무엇입니까? 알맞은 단어를 쓰십시오.

운동화	청소기	축하금	시계	꽃	케이크
화장품	목걸이	구두	책	한복	지갑

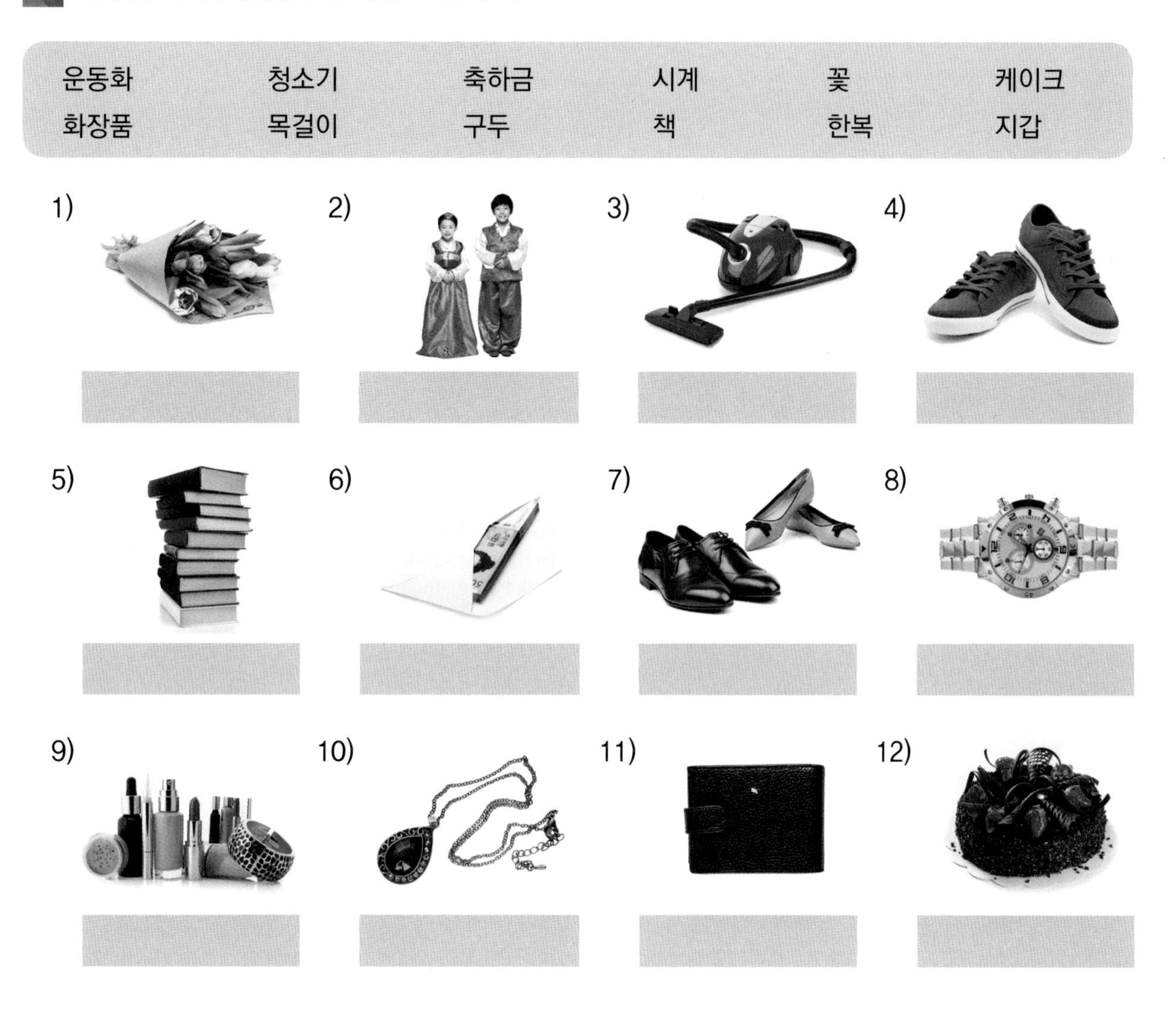

5 여러분은 무엇을 선물로 줬습니까? 언제 줬습니까? 이야기해 보십시오.

문법❶ -고 싶다

연습 1 대화를 완성하십시오.

-고 싶다		-고 싶어 하다	
가다	가고 싶다	가다	가고 싶어 하다
오다		오다	
먹다		먹다	
앉다		앉다	

연습 2 대화를 완성하십시오.

보기

가: 주말에 어디에 가고 싶어요?

나: 제주도에 가고 싶어요.

1)

휴대 전화

가: 무엇을 사고 싶어요?

나: ______________________.

> **돋보기**
>
> ■ -고 싶어 하다
>
> - 아이가 태권도를 배우고 싶어 해요.
> - 아내가 오늘은 집에서 쉬고 싶어 해요.
> - 남편이 가족사진을 찍고 싶어 해요.

2)

꽃

가: 생일에 뭘 받고 싶어요?

나: ______________________.

3)

부모님

가: 누가 보고 싶어요?

나: ______________________.

4)

딸기

가: ______________________?

나: 딸기가 먹고 싶어요.

5)

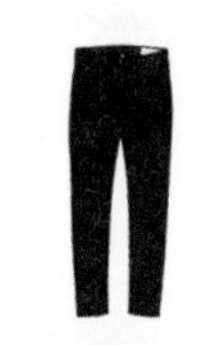

바지

가: 무슨 옷을 사고 싶어요?

나: ______________________.

6)

비빔밥

가: 에디 씨가 무엇을 먹고 싶어 해요?

나: ______________________.

연습 1 다음 표를 완성하십시오.

-은		-ㄴ	
작다 + 가방	작은 가방	크다 + 가방	큰 가방
좋다 + 날씨		나쁘다 + 날씨	
넓다 + 방		비싸다 + 옷	
많다 + 돈		싸다 + 옷	
*춥다 + 날씨	추운 날씨	예쁘다 + 아기	예쁜 아기
*덥다 + 날씨		친절하다 + 사람	
*맵다 + 음식		유명하다 + 장소	
*어렵다 + 문제		깨끗하다 + 화장실	
*길다 + 바지	긴 바지	빠르다 + 컴퓨터	
*멀다 + 장소		느리다 + 인터넷	

맛있다 + 음식	맛있는 음식	맛없다 + 음식	맛없는 음식
재미있다 + 영화		재미없다 + 영화	
*하얗다 + 색	하얀색	*까맣다 + 색	까만색
*파랗다 + 색		*빨갛다 + 색	

연습 2 대화를 완성하십시오.

보기 가: 사이즈가 어때요?
나: 조금 작아요. 더 큰 사이즈 있어요? (크다)

1) 가: 그 영화가 어때요?
나: 정말 __________ 영화예요. 꼭 보세요. (재미있다)

2) 가: 한국 음식을 좋아해요?
나: 네, 아주 좋아해요. 저는 __________ 음식을 잘 먹어요. (맵다)

3) 가: 어떤 색을 좋아해요?
나: 저는 __________색을 좋아해요. (파랗다)

문법❸ -아/어서2

연습 1 다음 표를 완성하십시오.

-아서		-어서		-해서	
작다	작아서	먹다	먹어서	사랑하다	사랑해서
좋다		늦다		공부하다	
보다		막히다		좋아하다	
많다		*걷다		복잡하다	
*돕다		*덥다		편리하다	

연습 2 두 문장을 연결하고 아래에 문장을 완성하십시오.

	원인 / 이유	상황
1)	수업에 늦다	집에서 공부할 거예요
2)	어제 청소를 하다	죄송합니다
3)	숙제가 많다	방이 깨끗해요
4)	음식이 맛있다	많이 먹었어요

1) 수업에 늦어서 죄송합니다.

2) ______________________.

3) ______________________.

4) ______________________.

연습 3 두 문장을 연결하고 아래에 문장을 완성하십시오.

1) 
길이 막히다

가: 왜 늦었어요?

나: ______________________.

2) 
부모님이 오다

가: 공항에 왜 가요?

나: ______________________.

3) 
날씨가 춥다

가: 왜 코트를 입었어요?

나: ______________________.

1 다음을 읽고 맞으면 ○, 틀리면 × 하십시오.

다음 주는 어버이날이에요. 그래서 저는 고향 부모님의 선물을 샀어요. 어머니 선물은 화장품이에요. 저희 어머니는 화장을 좋아해요. 그리고 한국 화장품은 싸고 좋아서 고향에서 인기가 많아요. 저희 아버지는 운동을 좋아해서 매일 운동을 해요. 그래서 파란 운동화를 샀어요. 내일 우체국에서 부모님 선물을 고향에 보낼 거예요.

① 저는 어버이날에 고향에 갈 거예요. ( )

② 어머니는 화장을 안 해요. ( )

③ 고향 사람들은 싸고 좋은 한국 화장품을 좋아해요. ( )

④ 아버지 선물은 운동화예요. ( )

2 여러분은 누구에게 어떤 선물을 하고 싶습니까? 그 이유는 무엇입니까?

누구에게?	어떤 선물?	왜?

☐ 어버이날 ☐ 화장 ☐ 운동화 ☐ 우체국

이 소포를 필리핀에 보내고 싶어요.

1 사람들이 우체국에서 무엇을 합니까?

우표를 붙이다	편지를 부치다	주소를 쓰다
무게를 재다	소포를 포장하다	상자(박스)를 고르다

2 우편 요금표를 보고 맞는 단어를 쓰십시오.

보기 비행기 배 요금 무게

			① ______		② ______	
나라			일본 중국	태국 베트남 몽골	일본 중국	태국 베트남 몽골
③ ______	5kg	④ ______	15,000원	25,000원	35,000원	45,000원
	10kg		25,000원	35,000원	55,000원	65,000원
	15kg		45,000원	55,000원	75,000원	85,000원
기간			2주	3주	4일	5일

3 택배 영수증을 보고 알맞은 단어를 쓰십시오.

보기 요금 연락처 받는 분 보내는 분

우체국 택배 KOREA POST

신청 및 배달 안내
☎1588-1300

① 서울 용산구 신계동 18-11 (주) 잉크존
T:02)3273-3500
1 4 0 9 0

주문인: HP:010-8467-8660
고객 주문처: 서울 송파
중량: 2KG
④ ______ : 2,500원

② 안진우 님
③ ______ :02)482-8660
010)8467-8660
서울 송파구 잠실7동 현대아파트 1-605
1 3 7 8 1

등기 번호 : 60654-465-165

신청일: 2008/06/05
수취인: 안진우 T:02)482-8660
서울 송파구 잠실7동 현대아파트
1-605
HP잉크 C8349/NO.02 검정 잉크 외 2건,
수량: 1

HP잉크 C8349/NO.02 검정 잉크 외 2건, 수량: 1
배송 메시지: 부재 시 경비실에 맡겨 주세요.

문법❶ 에게/한테/께

연습 1 그림을 보고 문장을 완성하십시오.

고양이	부모님	학생들	친구

1) 가: 유미 씨가 누구에게 커피를 줘요?
   나: ____________________ 커피를 줘요.

2) 가: 에디 씨가 누구에게 이메일을 써요?
   나: ____________________ 이메일을 써요.

3) 에게 / 한테 / 께

   가: 이지영 선생님이 무슨 일을 해요?
   나: ____________________ 한국어를 가르쳐요.

4) 가: 나레카 씨가 뭘 하고 있어요?
   나: ____________________ 우유를 줘요.

돋보기

■ 에게서/한테서/께

- 어제 고향 친구에게서 편지가 왔어요.
- 제 생일에 남편한테서 꽃을 받았어요.
- 저는 아버지께 수영을 배웠어요.

연습 2 대화를 완성하십시오.

1) 가: ____________________ 꽃을 선물하고 싶어요. 어디에서 살 수 있어요? (여자 친구)
   나: 마트 옆에 꽃집이 있어요.

2) 가: 나레카 씨가 무엇을 해요?
   나: 지금 ____________________ 전화를 해요. (친구)

3) 가: 엔젤 씨, 지금 뭐 해요?
   나: 내일 수업에 갈 수 없어서 ____________________ 문자를 보내요. (선생님)

4) 가: 엔젤 씨, 전화 받으세요.
   ____________________ 전화가 왔어요. (다문화가족지원센터 친구)
   나: 네, 잠깐만요.

연습 1 두 문장을 연결하고 아래에 문장을 완성하십시오.

	조건	행동
1)	머리가 아프다	고향에 전화를 하세요
2)	한국어를 모르다	우리 집에 놀러 와요
3)	배가 고프다	선생님께 질문하세요
4)	가족이 보고 싶다	잠깐 앉아서 쉬세요
5)	시간이 있다	이 음식을 드세요

1) 머리가 아프면 잠깐 앉아서 쉬세요.

2) ______________________________.

3) ______________________________.

4) ______________________________.

5) ______________________________.

연습 2 대화를 완성하십시오.

보기 가: 고향에 가면 뭘 할 거예요? (가다)
나: 고향 친구를 만날 거예요.

1) 가: 자가 씨는 보통 시간이 ______________ 뭘 해요? (있다)
나: 보통 영화를 봐요.

2) 가: 석훈 씨는 돈이 ______________ 뭘 하고 싶어요? (많다)
나: 여행을 많이 하고 싶어요.

3) 가: 아미르 씨는 기분이 ______________ 어떻게 해요? (안 좋다)
나: 친구하고 운동을 해요.

4) 가: 이 소포를 보내고 싶어요. 배로 ______________ 얼마나 걸려요? (보내다)
나: 배로 ______________ 2주쯤 걸려요.

문법❸ -아/어야 하다

연습 1 다음 표를 완성하십시오.

-아야 하다		-어야 하다		-해야 하다	
가다	가야 하다	먹다		청소(를) 하다	
사다		기다리다		말(을) 하다	
만나다		배우다		빨래(를) 하다	
앉다		읽다		공부(를) 하다	
찾다		*듣다		숙제(를) 하다	
*돕다		*줍다		운동(을) 하다	

연습 2 문장을 완성하십시오.

우리 아파트에서 꼭!
1. 청소기는 10시까지만!
2. 쓰레기는 수요일과 금요일에 버려 주세요.
3. 담배는 밖에서!

1) ______________________________.

2) ______________________________.

3) ______________________________.

돋보기

■ -아/어야 되다
- 오후에는 한국어 수업이 있어서 센터에 가야 돼요.
- 은행에서는 먼저 번호표를 뽑아야 돼요.
- 한국 사람과 한국어로 많이 이야기해야 돼요.

연습 3 대화를 완성하십시오.

보기 가: 내일 몇 시 비행기예요?
나: 오전 9시 비행기예요. 그래서 내일 일찍 일어나야 해요 / 일어나야 돼요.

1) 가: 에디 씨, 토요일에 시간이 있어요? 같이 영화 봐요.
나: 좋아요. 그런데 토요일에는 사람이 많아서 표를 미리 ______________. (사다)

2) 가: 자가 씨, 오늘 저녁에 우리 집에 오세요. 같이 놀아요.
나: 안 돼요. 내일 시험이 있어요. 그래서 오늘 밤에 ______________. (공부하다)

3) 가: 시청역에 가려고 해요. 한 번에 갈 수 있어요?
나: 아니요, 서울역에서 1호선으로 ______________. (갈아타다)

4) 가: 화장품을 고향에 보내려고 해요.
나: 화장품은 잘 ______________. 그렇지 않으면 잘 깨져요. (포장하다)

1 다음을 읽고 질문에 답하십시오.

며칠 전 우리 집에 소포가 하나 왔습니다. 그것은 사과였습니다. 우리 가족은 모두 사과를 좋아합니다. 그래서 우리는 그 사과를 먹었습니다.

그런데 두 시간 후에 배달 아저씨가 다시 왔습니다. 아저씨는 우리에게 "죄송합니다. 그 소포를 다시 주세요."라고 말했습니다. 그것은 위층 301호의 소포였습니다. 우리는 놀라서 "죄송해요. 우리가 다 사과를 먹었어요."라고 말했습니다. 배달 아저씨는 아주 당황한 얼굴이었습니다. 그래서 우리는 301호에 가서 "죄송합니다."라고 말했습니다. 집에 소포가 오면 '받는 사람' 이름을 잘 봐야 합니다. 그 후 우리 집은 실수하지 않습니다.

1) 이 택배의 '받는 사람'은 누구입니까?

____

2) 이 사람은 누구에게 "죄송합니다."라고 말했습니까?

______________, ______________

2 여러분은 친구나 가족에게 소포를 보냈습니까? 자기의 경험을 써 봅시다.

언제?	누구에게?
무엇을?	왜?

□ 며칠 □ 배달 아저씨 □ 다시 □ 위층 □ 놀라다 □ 슬프다 □ 얼굴 □ 실수하다

머리가 아파요.

1 다음 표를 완성하십시오.

	-아/어요	-아/어서	-(으)면	-고
예쁘다	예뻐요	예뻐서	예쁘면	예쁘고
아프다				
바쁘다				
나쁘다				
쓰다				

돋보기

- 으 탈락
  - 배가 고파요.
  - 아기가 예뻐요.
  - 매일 바빠요.

2 알맞은 단어를 쓰십시오.

보기
머리
목
배
팔
다리
발
손

3 어디가 아픕니까? 이야기해 보십시오.

보기

머리가 아파요

1) 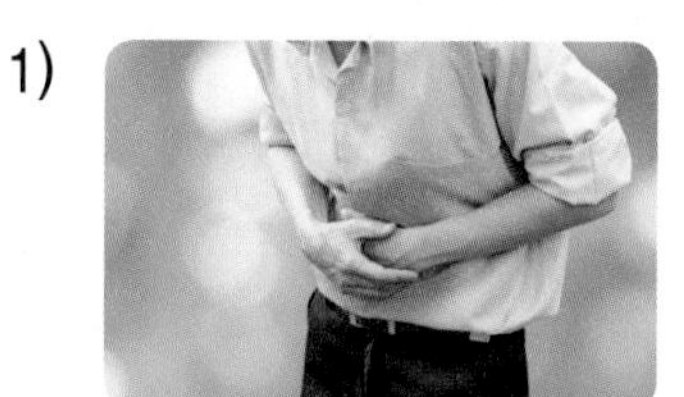

2) 

3) 

4) 

4 어디를 다쳤습니까? 그림을 보고 쓰십시오.

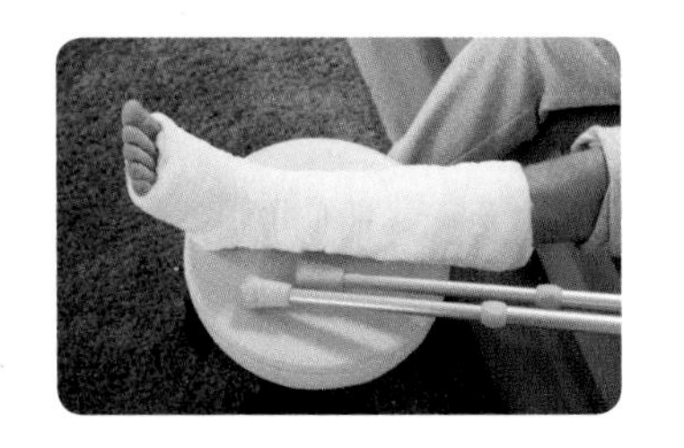

발을 다쳤어요

1)
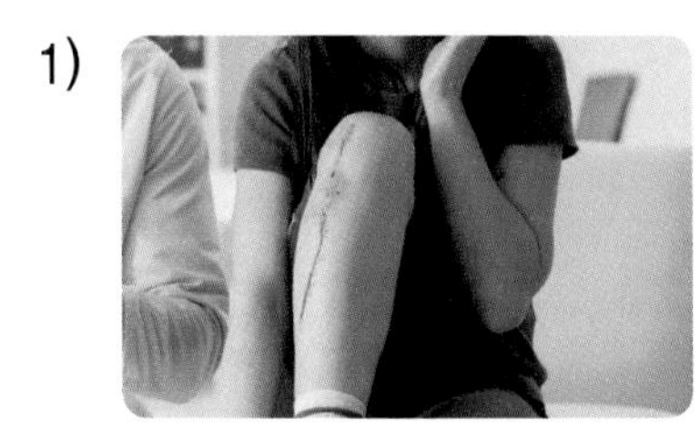

2)
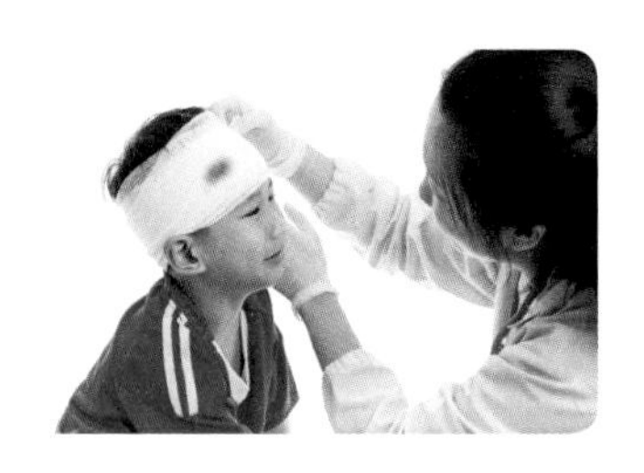

5 어디가 어떻게 아픕니까? 번호를 쓰십시오.

① 콧물이 나다 ② 기침이 나다 ③ 열이 나다 ④ 피가 나다

1)
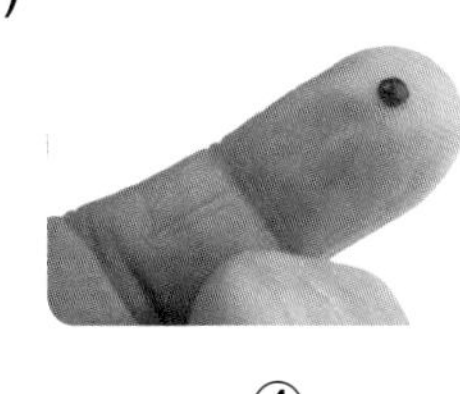
④

2)
______

3)

______

4)
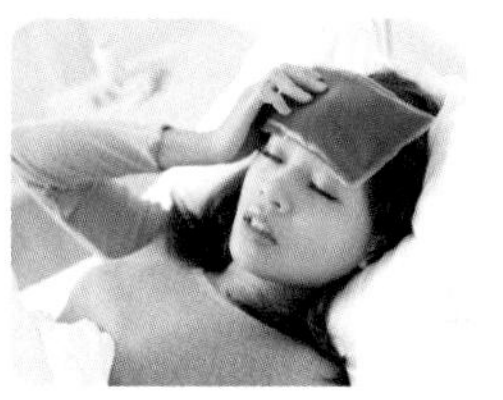
______

6 그림을 보고 알맞게 연결하십시오.

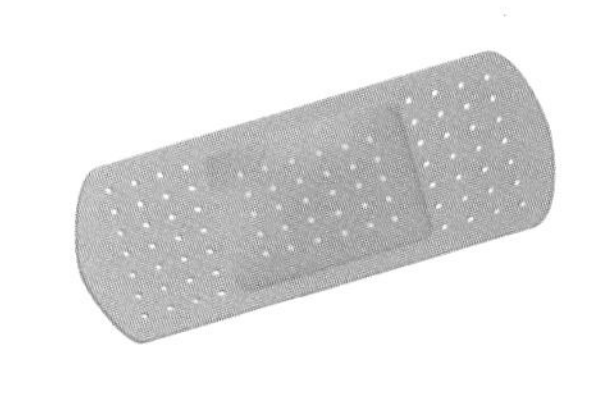
반창고

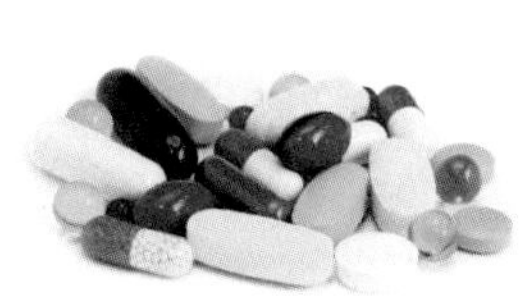
알약

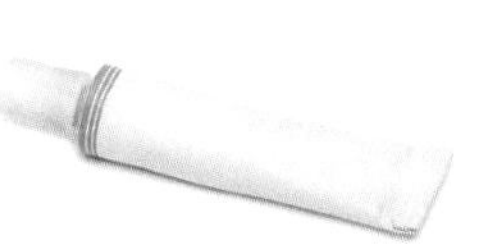
연고

물약

먹다 바르다 붙이다

문법❶ -지 마세요

연습 1 다음 표를 완성하십시오.

-지 마세요		-지 마세요	
마시다		*줍다	
먹다		*듣다	
하다		*쓰다	

연습 2 문장을 쓰십시오.

담배를 피우다 　 사진을 찍다 　 전화하다 　 음식을 먹다 　 술을 마시다

보기

담배를 피우지 마세요!

1)  ____________________

2)  ____________________

3)  ____________________

4)  ____________________

연습 3 경고문을 쓰십시오.

전화하지 마십시오.

-아/어도 되다

연습 1 다음 표를 완성하십시오.

	-아/어도 되다	-아/어도 돼요	-아/어도 됐어요	-아/어도 될 거예요
가다	가도 되다			
앉다				
하다				
*줍다				
*듣다				
*쓰다				

연습 2 대화를 완성하십시오.

가다　　앉다　　들어가다　　전화하다

보기

가: 화장실에 가도 돼요?

나: 네, 가도 돼요.

1)

가: 지금 ____________________?

나: 네, 괜찮아요.

2)

가: 죄송하지만 여기 ____________________?

나: 네, 앉으세요.

3)

가: ____________________?

나: 네, 괜찮아요. 들어오세요.

문법❸ -(으)ㄴ 후에/다음에

연습 1 다음 표를 완성하십시오.

-ㄴ 후에/다음에		-은 후에/다음에	
마시다	마신 후에/마신 다음에	먹다	먹은 후에/먹은 다음에
가다		앉다	
하다		*줍다	
쓰다		*걷다	

연습 2 에디 씨의 하루 일과입니다. 그림을 보고 문장을 완성하십시오.

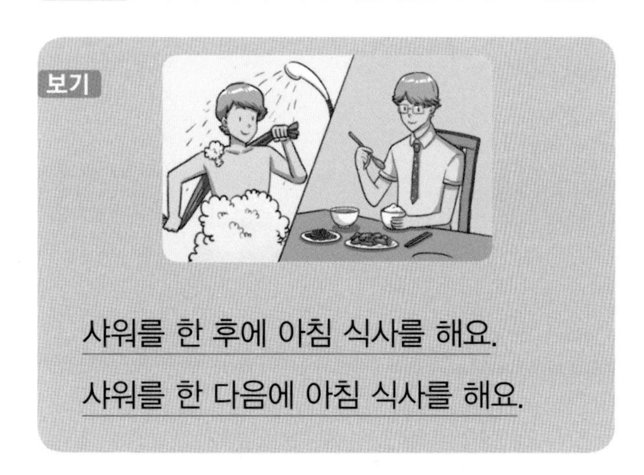

보기

샤워를 한 후에 아침 식사를 해요.

샤워를 한 다음에 아침 식사를 해요.

돋보기

■ 후에 / 다음에

- 식사 후에 커피를 마셔요.
- 10분 후에 수업이 시작해요.
- 일주일 후에 여행을 가요.
- 추석 다음에 모임이 있어요.
- 연휴 다음에 집들이를 하려고 해요.
- 요리 수업 다음에 태권도 수업이 있어요.

1)

____

____

2)

____

____

3)

____

____

4)

____

____

1 약 봉투입니다. 다음을 읽고 질문에 답하십시오.

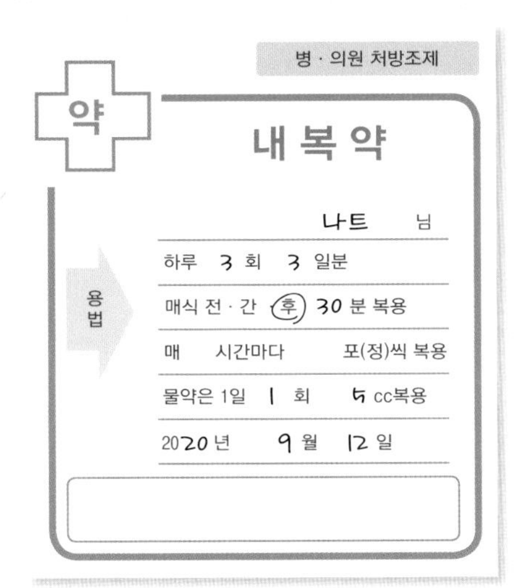
병·의원 처방조제

약

내복약

나트 님

용법

하루 3 회 3 일분
매식 전·간 (후) 30 분 복용
매 시간마다 포(정)씩 복용
물약은 1일 1 회 5 cc복용
2020 년 9 월 12 일

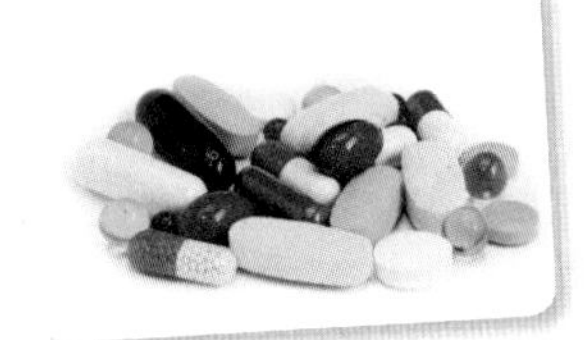

1) 맞는 것을 고르십시오.

① 약은 7일 후에 먹어야 해요.

② 약은 식사한 후에 먹어야 해요.

③ 물약은 하루에 세 번 먹어야 해요.

④ 알약은 하루에 한 번 먹어야 해요.

2 다음은 엔젤 씨의 주말입니다. 엔젤 씨의 주말을 써 봅시다.

☐ 내복약 ☐ 님 ☐ 회 ☐ 매 ☐ 마다 ☐ 복용 ☐ 포 ☐ 정 ☐ 씩 ☐ 용법

16 같이 영화 보러 갈까요?

1 알맞은 단어를 찾아 대화를 완성하십시오.

누가	누구를	누구(의)	누구한테

1) 가: ________ 나트 씨에게 연락할 거예요?
   나: 제가 할게요.

2) 가: 이거 ________ 핸드폰이에요?
   나: 제 핸드폰이에요.

3) 가: 내일 ________ 만날 거예요?
   나: 센터 친구를 만날 거예요.

4) 가: ________ 전화해요?
   나: 고향 부모님께 전화해요.

2 알맞은 단어를 찾아 대화를 완성하십시오.

보기	뭐가(무엇이)	뭐를(뭘/무엇을)	언제	어디	어떻게	누구하고(누구랑/누구와)

1) 가: 오늘 점심에 ________________ 먹을까요?
   나: 우리 불고기하고 비빔밥을 먹어요.

2) 가: ________________ 만날까요?
   나: 토요일 오전에 만나요.

3) 가: ________________에서 공부했어요?
   나: 도서관에서 공부했어요.

4) 가: 부모님이 오시면 ________________에 갈 거예요?
   나: 제주도에 갈 거예요.

5) 가: 부산에 ________________ 갈까요?
   나: 기차를 타고 가요.

6) 가: 이번 주말에 ________________ 등산할 거예요?
   나: 친구랑 할 거예요.

3 여러분은 무엇을 좋아해요? 이야기해 보십시오.

가: 무슨 영화를 좋아해요?
나: 저는 코미디 영화를 좋아해요.

영화

코미디 영화

공상 과학 영화

로맨스 영화

애니메이션

음식

한식

양식

중식

일식

4 여러분은 어떤 것을 좋아해요?

가: 어떤 날씨를 좋아해요.
나: 저는 더운 날씨를 좋아해요.

날씨

따뜻한 날씨

더운 날씨

시원한 날씨

추운 날씨

음식

단 음식

매운 음식

짠 음식

신 음식

문법❶ -(으)ㄹ까요? 1

연습 1 다음 표를 완성하십시오.

-ㄹ까요?		-을까요?	
가다	갈까요?	먹다	먹을까요?
보다		앉다	
만나다		닫다	
등산하다		*만들다	
사다		*줍다	
자다		*걷다	

연습 2 대화를 완성하십시오.

보기 가: 우리 같이 부산에 갈까요?
나: 네, 좋아요. 부산에 갑시다.

1) 가: 여보, 우리 오늘 저녁에 ______________________?
나: 네, 오래간만에 외식해요.

2) 가: 여기에 좀 ______________________?
나: 네, 앉읍시다.

3) 가: 내일 에디 씨 생일이에요. 같이 케이크를 ______________________?
나: 좋아요. 그럼 우리 집에서 같이 만들어요.

4) 가: 여기에서 사진을 ______________________?
나: 아니요, 저기에서 찍읍시다.

5) 가: 주말에 시간이 있어요?
나: 네, 있어요.
가: 같이 영화 ______________________?
나: 좋아요.

연습 1 다음 표를 완성하십시오.

-ㅂ시다		-읍시다	
가다	갑시다	먹다	먹읍시다
보다		읽다	
만나다		닫다	
청소하다		*만들다	
기다리다		*줍다	
쉬다		*걷다	

연습 2 대화를 완성하십시오.

보기 가: 언제 만날까요?
나: 토요일 10시에 만납시다.

1) 가: 어디에서 저녁 식사할까요?
나: 회사 근처에서 ______________________.

2) 가: 무슨 음식을 먹을까요?
나: 불고기를 ______________________.

3) 가: 우리 무슨 운동을 배울까요?
나: 태권도를 ______________________.

4) 가: 대사관에 어떻게 갈까요?
나: 지하철을 타고 ______________________.

5) 가: 언제 만날까요?
나: 음…. 수요일에 ______________________.

6) 가: 수업 후에 무엇을 할까요?
나: 근처 식당에서 같이 점심을 ______________________.

돋보기
- 만들다 → 만듭시다
- 가지 맙시다(○)
  안 갑시다(×)

문법❸ -(으)니까

연습 1 다음 표를 완성하십시오.

-니까		-으니까	
가다	가니까	있다	있으니까
오다		없다	
피곤하다		*힘들다	
바쁘다		*덥다	
아프다		*듣다	

연습 2 두 문장을 연결하고 아래에 문장을 완성하십시오.

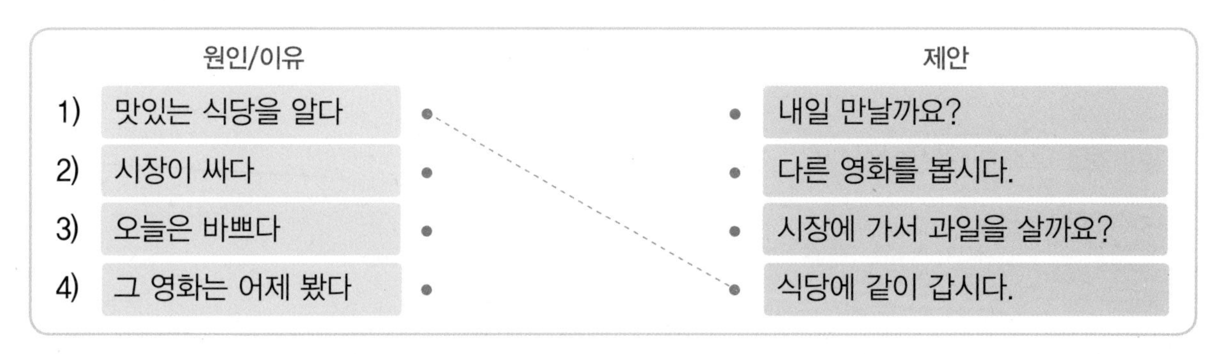

1) 맛있는 식당을 아니까 식당에 같이 갑시다 .
2) ______________________.
3) ______________________.
4) ______________________.

연습 3 그림을 보고 문장을 완성하십시오.

1)

금요일	토요일
10	11 사마나 생일

가: 내일 아이 생일이네요. 어떻게 할까요?
나: ______________________.

2)

가: 방이 너무 더러워요. 어떻게 할까요?
나: ______________________.

3)

가: 길이 너무 막혀요. 어떻게 할까요?
나: ______________________.

-(으)ㄹ게요 문법❹

연습 1 다음 표를 완성하십시오.

-ㄹ게요		-을게요	
가다	갈게요	먹다	먹을게요
마시다		앉다	
하다		*팔다	
사다		*줍다	
보다		*걷다	

연습 2 대화를 완성하십시오.

가다 닫다 먹다 예약하다

보기

가: 내일 일찍 일어나세요.

나: 네, 일찍 일어날게요.

1)

가: 바쁘면 먼저 가세요.

나: 네, 죄송해요. 저 먼저 ____________________.

2)

가: 추우니까 창문 좀 닫을까요?

나: 제가 ____________________.

3)

가: 뭐 먹을까요?

나: 저는 비빔밥을 ____________________.

4)

가: 누가 호텔을 예약할 거예요?

나: 제가 ____________________.

돋보기

■ 친구가 갈게요(×)

(제가/우리가/저희가) 갈게요(○)

읽고 쓰기

1 **에디 씨가 나레카 씨를 콘서트에 초대하는 이메일입니다. 다음을 읽고 질문에 답하십시오.**

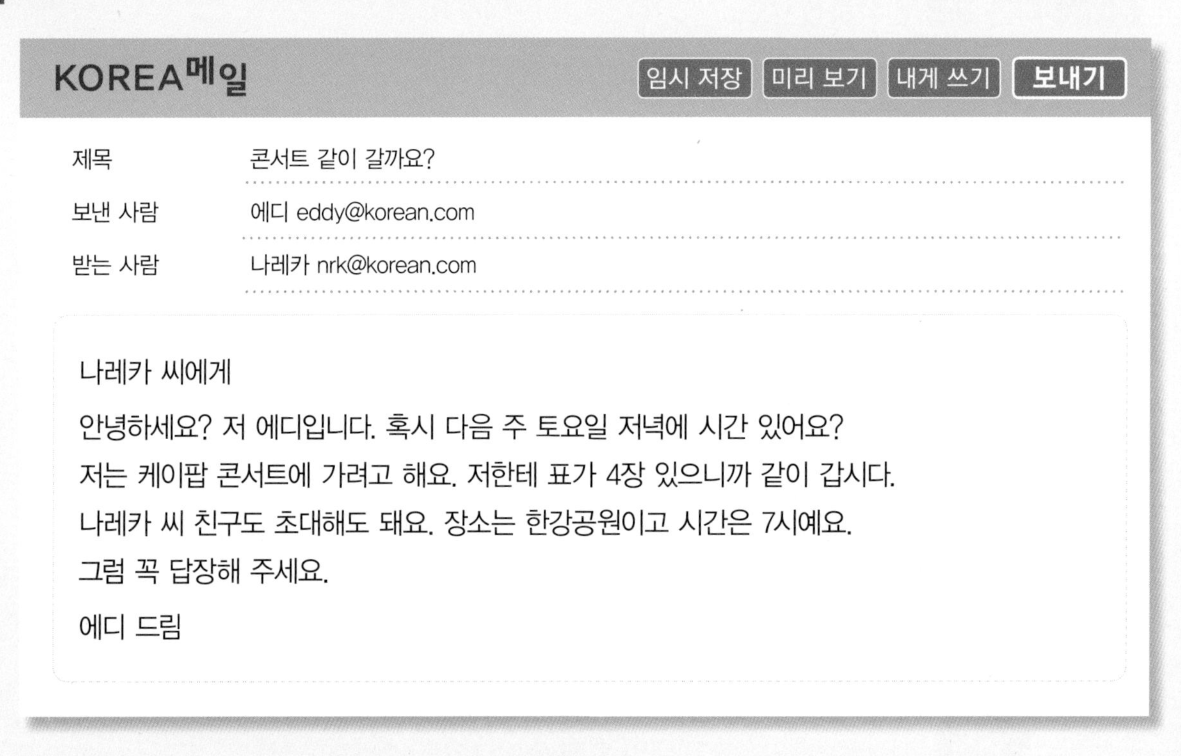

KOREA메일 | 임시 저장 | 미리 보기 | 내게 쓰기 | 보내기

제목	콘서트 같이 갈까요?
보낸 사람	에디 eddy@korean.com
받는 사람	나레카 nrk@korean.com

나레카 씨에게

안녕하세요? 저 에디입니다. 혹시 다음 주 토요일 저녁에 시간 있어요?
저는 케이팝 콘서트에 가려고 해요. 저한테 표가 4장 있으니까 같이 갑시다.
나레카 씨 친구도 초대해도 돼요. 장소는 한강공원이고 시간은 7시예요.
그럼 꼭 답장해 주세요.

에디 드림

1) 누가 누구에게 썼습니까? 맞는 것을 고르십시오.

① 나레카 씨 → 에디 씨　　② 에디 씨 → 나레카 씨

2) 맞는 것은 무엇입니까?

①
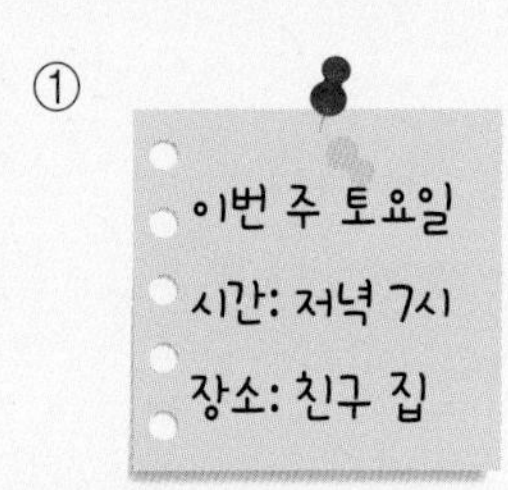

②
다음 주 토요일
시간: 아침 7시
장소: 한강공원

③
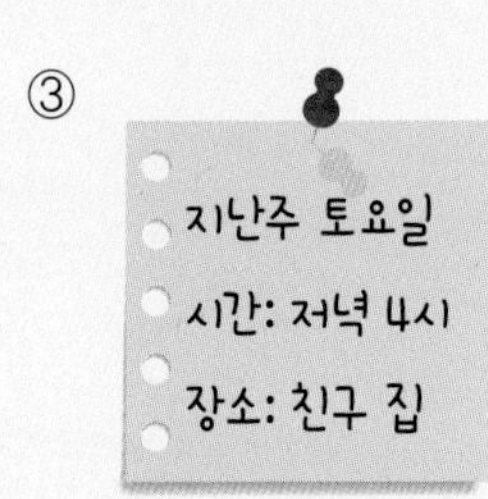

④
다음 주 토요일
시간: 저녁 7시
장소: 한강공원

2 여러분은 친구를 뮤지컬 공연에 초대하고 싶습니다. 친구를 초대하는 이메일을 써 보십시오.

KOREA메일 | 임시 저장 | 미리 보기 | 내게 쓰기 | 보내기

제목	에 같이 갑시다.
보낸 사람	@
받는 사람	@

에게

씨, 안녕하세요? 저 이에요/예요.

보충·복습 듣기 (9~16과)

※ [1~5] 다음을 듣고 〈보기〉와 같이 대화 내용과 같은 것을 고르십시오. Track 06 

〈보 기〉

남자: 요즘 한국어를 공부해요?

여자: 네. 한국 친구한테서 한국어를 배워요.

① 남자는 학생입니다. ② 여자는 학교에 다닙니다.

③ 남자는 한국어를 가르칩니다. ❹ 여자는 한국어를 공부합니다.

1. ① 남자는 친구와 노래방에 갔습니다.
   ② 여자는 일요일에 친구와 만났습니다.
   ③ 여자는 토요일에 친구를 안 만났습니다.
   ④ 남자는 주말에 친구와 낚시를 했습니다.

2. ① 여자는 된장찌개를 못 만듭니다.
   ② 남자는 된장찌개를 잘 만듭니다.
   ③ 여자는 김치를 만들 수 없습니다.
   ④ 남자는 김치를 만들 수 있습니다.

3. ① 여자는 주말에 시간이 없습니다.
   ② 남자와 여자는 영화를 안 봅니다.
   ③ 여자는 토요일에 약속이 있습니다.
   ④ 남자와 여자는 일요일에 만납니다.

4. ① 남자는 명동에 갑니다.
   ② 남자는 지하철을 탑니다.
   ③ 여자는 명동역에서 내립니다.
   ④ 여자는 광화문에 가려고 합니다.

5. ① 여자는 주말에 고향에 갑니다.
   ② 남자는 가족의 선물을 살 겁니다.
   ③ 여자는 남자와 같이 은행에 갑니다.
   ④ 남자는 이번 주말에 고향에 갑니다.

※ [6~9] 다음을 듣고 여자의 중심 생각을 고르십시오. Track 07

6. ① 인터넷 쇼핑이 좋습니다.
   ② 옷을 선물하고 싶습니다.
   ③ 고향에서 쇼핑을 해야 합니다.
   ④ 동생에게 선물을 보내고 싶습니다.

7. ① 지하철은 빠릅니다.
   ② 서울에서 친구를 만나려고 합니다.
   ③ 주말에는 지하철을 타면 좋습니다.
   ④ 지하철로 강남까지 빨리 가고 싶습니다.

8. ① 여자는 쇼핑을 좋아합니다.
   ② 여자는 고향에 가고 싶습니다.
   ③ 여자는 선물을 많이 사고 싶습니다.
   ④ 여자는 비행기로 선물을 보내려고 합니다.

9. ① 여자는 쉬고 싶습니다.
   ② 여자는 부모님을 좋아합니다.
   ③ 여자는 한국어 공부를 좋아합니다.
   ④ 여자는 빨리 서울에 가고 싶습니다.

※ [10~11] 다음을 듣고 물음에 답하십시오. Track 08

10. 여자가 왜 이야기를 하고 있는지 고르십시오.

① 백화점을 소개하려고
② 백화점 위치를 안내하려고
③ 백화점에서 할인하는 물건을 알려주려고
④ 백화점에서 인기 있는 물건을 설명하려고

11. 들은 내용과 같은 것을 고르십시오.

① 할인 행사는 일주일 뒤에 시작합니다.
② 청소기는 주부들에게 인기가 많습니다.
③ 홍삼은 어른들이 별로 좋아하지 않습니다.
④ 1층 행사장에는 홍삼과 청소기만 있습니다.

※ [12~13] 다음을 듣고 물음에 답하십시오. Track 09

12. 두 사람이 무엇에 대해 이야기를 하고 있는지 고르십시오.

① 한국 생활
② 한국의 전통 술
③ 한국의 음식 문화
④ 건강하게 사는 방법

13. 들은 내용과 같은 것을 고르십시오.

① 남자는 자주 술을 마십니다.
② 남자는 김치를 잘 못 먹습니다.
③ 여자는 김치를 만들 수 있습니다.
④ 여자는 건강 때문에 술을 안 마십니다.

※ [14~15] 다음을 듣고 물음에 답하십시오. Track 10

14. 여자가 병원에 간 이유를 고르십시오.

① 약국의 위치를 물어보려고
② 약 먹는 방법을 물어보려고
③ 다리를 다쳐서 처방을 받으려고
④ 연고를 바르는 방법을 배우려고

15. 들은 내용과 같은 것을 고르십시오.

① 여자는 약국에 있습니다.
② 여자는 하루에 한 번 연고를 바릅니다.
③ 여자는 밥을 먹고 약을 먹어야 합니다.
④ 여자는 다리를 다쳤지만 피가 나지 않습니다.

보충·복습 읽기 (9~16과)

※ [1~2] 다음을 읽고 물음에 답하십시오.

태국의 교통수단에는 지하철과 버스가 있습니다. 지하철은 요금이 싸지만 사람이 아주 많습니다. 그리고 환승이 복잡하고 어렵습니다. 버스도 요금이 쌉니다. 하지만 길이 (㉠) 시간이 아주 오래 걸립니다.

1. ㉠에 들어갈 알맞은 말을 고르십시오.

① 길어서 ② 짧아서 ③ 복잡해서 ④ 깨끗해서

2. 이 글의 내용과 같은 것을 고르십시오.

① 태국 버스는 빠릅니다. ② 태국 버스는 요금이 비쌉니다.
③ 태국 지하철은 환승이 쉽습니다. ④ 태국 지하철에는 사람이 많습니다.

※ [3~4] 다음을 읽고 물음에 답하십시오.

저는 주말에 요리를 하거나 운전을 배웁니다. 시장은 채소와 고기의 값이 정말 싸서 시장으로 채소와 고기를 (㉠). 돼지고기는 먹어도 되지만 소고기는 먹을 수 없어서 사지 않습니다. 운전은 어렵지만 재미있어서 다음 달까지 배울 겁니다.

3. ㉠에 들어갈 알맞은 말을 고르십시오.

① 살 겁니다 ② 사러 갑니다
③ 사고 싶습니다 ④ 살 수 있습니다

4. 이 글의 내용과 같은 것을 고르십시오.

① 저는 주말에 운전만 합니다.
② 저는 소고기를 자주 먹습니다.
③ 저는 다음 달까지 운전을 배울 겁니다.
④ 시장은 채소와 고기의 값이 너무 비쌉니다.

※ [5~6] 다음을 순서대로 맞게 나열한 것을 고르십시오.

5.

(가) 며칠 전 우리 집에 소포가 왔습니다. (나) 그 소포는 우리 집 소포가 아니었습니다. (다) 소포 안에 사과가 있어서 모두 먹었습니다. (라) 두 시간 후에 배달 아저씨가 다시 와서 "죄송하지만 소포를 다시 주세요."라고 말했습니다.

① (가)-(다)-(라)-(나)　　② (가)-(라)-(나)-(다)
③ (다)-(가)-(나)-(라)　　④ (다)-(나)-(가)-(라)

6.

(가) 알약은 매일 식후 30분에 먹어야 합니다. (나) 병원에서 의사를 만난 후에 약을 샀습니다. (다) 그리고 물약은 하루에 한 번만 먹으면 됩니다. (라) 나트 씨는 어제부터 콧물이 나고 열도 나서 병원에 갔습니다.

① (나)-(다)-(가)-(라)　　② (나)-(라)-(가)-(다)
③ (라)-(나)-(가)-(다)　　④ (라)-(다)-(가)-(나)

※ [7~8] 다음을 읽고 물음에 답하십시오.

저는 작년에 한국에 왔습니다. 저는 가족 생일에 고향에 갈 수 없어서 고향 가족에게 선물을 보내고 싶습니다. 어머니는 화장을 좋아하십니다. (㉠) 아버지는 건강에 관심이 많아서 매일 운동을 하십니다. (㉡) 그래서 아버지께 운동화를 보내고 싶습니다. (㉢) 부모님께서 선물을 받고 좋아하실 겁니다. (㉣)

7. 다음 문장이 들어갈 곳을 고르십시오.

한국 화장품은 인기가 많아서 어머니께 좋은 선물입니다.

① ㉠　　② ㉡　　③ ㉢　　④ ㉣

8. 이 글의 내용과 같은 것을 고르십시오.

① 저는 고향에 자주 갑니다.
② 어머니는 선물을 받고 싶어 합니다.
③ 아버지는 운동을 자주 하지 않습니다.
④ 저는 부모님께 선물을 보내려고 합니다.

※ [9~10] 다음을 읽고 물음에 답하십시오.

저는 엄마와 필리핀에 갔습니다. 저는 필리핀 음식을 좋아해서 잘 먹습니다. 필리핀의 할머니 집에서 가끔 엄마가 한국 음식을 (㉠) 친척들은 먹지 않고 저와 엄마만 먹습니다. 다음 주에는 친척들과 보라카이에 가서 서핑을 하거나 수영을 할 겁니다. 또 스노클링도 할 겁니다.

9. ㉠에 들어갈 알맞은 말을 고르십시오.

① 만들고
② 만드니까
③ 만들지만
④ 만들거나

10. 이 글의 내용과 같은 것을 고르십시오.

① 저는 필리핀 음식을 좋아합니다.
② 저는 한국 음식을 매일 먹습니다.
③ 저는 친척들과 운동을 하려고 합니다.
④ 저는 다음 주에 스노클링만 할 겁니다

※ [11~12] 다음을 읽고 물음에 답하십시오.

제목	콘서트에 같이 갈까요?
보낸 사람	eddy@korean.com
받는 사람	nrk@korean.com

나레카 씨에게
안녕하세요? 저 에디예요.
혹시 다음 주 토요일 저녁에 시간이 있으세요?
저는 케이팝 콘서트에 가려고 해요.
저한테 표가 4장이 있으니까 같이 가요.
장소는 한강공원이고 시간은 저녁 7시예요.
그럼, 꼭 답장해 주세요.

에디 드림

11. 왜 이 글을 썼는지 맞는 것을 고르십시오.

① 콘서트 표를 사고 싶어서
② 콘서트에 같이 가고 싶어서
③ 콘서트 시간을 알고 싶어서
④ 콘서트 장소에서 만나고 싶어서

12. 이 글의 내용과 같은 것을 고르십시오.

① 에디 씨에게 표가 세 장 있습니다.
② 에디 씨에게 답장을 안 해도 됩니다.
③ 콘서트는 오전 일곱 시에 시작합니다.
④ 에디 씨는 콘서트에 가고 싶어 합니다.

※ [13~14] 다음을 읽고 물음에 답하십시오.

저는 주말을 좋아합니다. 주말에는 아침에 늦게 일어납니다. 그리고 아침 식사를 합니다. 식사를 한 후에 날씨가 좋으면 아이와 함께 근처 공원에서 산책을 합니다. 집 근처 공원은 정말 아름답습니다. 하지만 날씨가 나쁘면 영화관에 가서 영화를 봅니다. 오후에는 보통 남편과 같이 마트에 가서 장을 봅니다. 그리고 집에 와서 저녁 식사를 합니다. 저녁 식사는 보통 남편이 만듭니다. 우리 남편은 요리를 아주 잘합니다. 저녁을 먹은 후에 텔레비전을 보고 쉽니다. 그리고 일찍 잡니다.

13. 엔젤 씨가 주말에 하는 일이 아닌 것은 무엇입니까?

① 공원에서 산책을 한 후에 영화관에서 영화를 봅니다.
② 남편하고 마트에서 장을 봅니다.
③ 저녁 식사를 한 다음에 텔레비전을 봅니다.
④ 늦게 아침 식사를 합니다.

14. 이 글의 내용과 같은 것을 고르십시오.

① 엔젤 씨는 아침에 식사를 안 합니다.
② 엔젤 씨의 집 근처에 공원이 있습니다.
③ 엔젤 씨는 영화를 아주 좋아합니다.
④ 엔젤 씨의 남편은 요리를 좋아합니다.

※ [15~16] 다음을 읽고 물음에 답하십시오.

저는 지난 휴가에 혼자 제주도에 갔습니다. 첫째 날에는 수영을 하러 바다에 갔습니다. 수영을 한 후에 유명한 식당에 가서 삼겹살을 먹었습니다. 둘째 날에는 한라산도 등산하고 올레길도 걸어서 다리가 조금 아팠습니다. 하지만 제주도 여행이 정말 재미있었습니다. 다음에는 (㉠).

15. ㉠에 들어갈 알맞은 말을 고르십시오.

① 등산하고 싶습니다
② 바다에만 가고 싶습니다
③ 가족과 함께 가고 싶습니다
④ 다른 식당에서 삼겹살을 먹고 싶습니다

16. 이 글의 내용과 같은 것을 고르십시오.

① 제주도 여행이 아주 좋았습니다
② 다음에는 제주도에 안 갈 겁니다.
③ 다리가 아파서 등산을 못 했습니다.
④ 삼겹살을 먹은 후에 수영을 했습니다.

※ [17~18] 다음을 읽고 물음에 답하십시오.

한국에서는 부모님 생신에 보통 축하금을 드립니다. 축하금을 드리면 부모님이 필요한 물건을 살 수 있어서 좋습니다. 제 고향에서도 다른 사람의 생일에 보통 돈을 줍니다. 돈을 주면 그 사람이 필요한 물건을 사거나 하고 싶은 일을 (㉠).

17. ㉠에 들어갈 알맞은 말을 고르십시오.

① 합시다
② 해야 합니다
③ 하고 싶습니다
④ 할 수 있습니다

18. 이 글의 내용으로 알 수 있는 것을 고르십시오.

① 한국에서는 돈을 받으면 축하금을 줍니다.
② 축하금으로 필요한 물건을 살 수 있습니다.
③ 한국에서는 부모님 생신에 돈을 드리지 않습니다.
④ 이 사람의 고향에서는 보통 생일에 선물을 삽니다.

※ [19~20] 다음을 읽고 물음에 답하십시오.

엔젤 씨는 어제 아침부터 열이 나고 기침을 했지만 병원에 가지 않았습니다. 그런데 오늘 아침에 더 아파서 병원에 갔습니다. 병원에서 의사를 만난 뒤에 약국에서 약을 받았습니다. 엔젤 씨의 증상은 감기이고 차가운 물을 마시면 안 됩니다. 차가운 물을 마시지 않고 약을 잘 먹어서 지금은 (㉠) 않습니다.

19. ㉠에 들어갈 알맞은 말을 고르십시오.

① 다치지
② 열이 나지
③ 피가 나지
④ 연고를 바르지

20. 이 글의 내용으로 알 수 있는 것을 고르십시오.

① 엔젤 씨는 어제 저녁부터 아팠습니다.
② 약을 먹은 후에 의사를 만나야 합니다.
③ 많이 아프지 않으면 병원에 안 가도 됩니다.
④ 감기에 걸리면 차가운 물을 마시지 않아야 합니다.

모범 답안

1과 저는 태국 사람이에요.

1

한국 사람 / 캐나다 사람 / 방글라데시 사람
가나 사람 / 필리핀 사람 / 일본 사람
몽골 사람 / 프랑스 사람 / 캄보디아 사람
인도 사람 / 태국 사람 / 중국 사람

2

요리사 / 미용사 / 의사 / 간호사 / 배우 / 선생님 / 학생 / 주부 / 가수 / 회사원 / 경찰 / 군인

문법 ❶

연습 1

1) 나레카예요. 가나 사람이에요.
2) 에디예요. 캐나다 사람이에요.
3) 미셸이에요. 프랑스 사람이에요.
4) 김석훈이에요. 한국 사람이에요.
5) 자가예요. 몽골 사람이에요.

연습 2

미셸은 요리사예요.
자가는 학생이에요.
애니는 간호사예요.
마이클은 경찰이에요.

문법 ❷

연습 1

1) 가: 석훈 씨는 한국 사람입니까?
   나: 네, 한국 사람입니다.
   가: 회사원입니까?
   나: 네, 회사원입니다.
2) 가: 자가 씨는 몽골 사람입니까?
   나: 네, 몽골 사람입니다.
   가: 학생입니까?
   나: 네, 학생입니다.
3) 가: 나트 씨는 태국 사람입니까?
   나: 네, 태국 사람입니다.
   가: 간호사입니까?
   나: 네, 간호사입니다.

연습 2

1) 나트 씨는 태국 사람입니다/이에요.
2) 저는 김민호입니다/예요.

문법 ❸

연습 1

1) 의사예요?
   아니요, 저는 의사가 아니에요.
2) 미셸 씨는 공무원이에요?
   아니요, 저는 공무원이 아니에요.
3) 엔젤 씨는 미용사예요?
   아니요, 엔젤 씨는 미용사가 아니에요.

연습 2

1) 가: 나레카 씨는 나이지리아 사람이에요?
   나: 아니요, 저는 나이지리아 사람이 아니에요. / 아니요, 저는 나이지리아 사람이 아닙니다. 가나 사람이에요.
2) 가: 미셸 씨는 캐나다 사람이에요?
   나: 아니요, 저는 캐나다 사람이 아니에요. / 아니요, 저는 캐나다 사람이 아닙니다. 프랑스 사람이에요.
3) 가: 아미르 씨는 방글라데시 사람이에요?
   나: 아니요, 저는 방글라데시 사람이 아니에요. / 아니요, 저는 방글라데시 사람이 아닙니다. 인도 사람이에요.
4) 가: 나트 씨는 캄보디아 사람이에요?
   나: 아니요, 저는 캄보디아 사람이 아니에요. / 아니요, 저는 캄보디아 사람이 아닙니다. 태국 사람이에요.

읽고 쓰기

1) 이름: 나레카
2) 국적: 가나
3) 직업: 학생

2과 교실에 시계가 있어요?

어휘

1

칠판 / 가방 / 의자 / 책상 / 한국어책 / 카메라 / 공책 /

핸드폰 / 연필 / 펜 / 구두 / 시계 / 우산 / 필통 / 안경 / 지우개

2

가: 뭐예요?
나: 카메라예요.
가: 뭐예요?
나: 가방이에요.

3

위 / 아래 / 앞 / 뒤 / 안 / 밖 / 왼쪽(옆) / 오른쪽(옆)

문법 ①

연습 1

1) 모자가 있어요.
2) 카메라가 있어요.
3) 한국어책이 있어요.
4) 우산이 있어요.
5) 볼펜이 있어요.
6) 안경이 있어요.

연습 2

	이/가 교실에 있어요		이/가 교실에 없어요
책상	책상이 교실에 있어요.	의자	의자가 교실에 없어요.
볼펜	볼펜이 교실에 있어요.	연필	연필이 교실에 없어요.
안경	안경이 교실에 있어요.	공책	공책이 교실에 없어요.
필통	필통이 교실에 있어요.	사전	사전이 교실에 없어요.
지우개	지우개가 교실에 있어요.	시계	시계가 교실에 없어요.

연습 3

① 책이 창문 옆에 있습니다.
② 책이 의자 위에 있습니다.
③ 책이 의자 아래에 있습니다.
④ 책이 컴퓨터 뒤에 있습니다.
⑤ 책이 책상 앞에 있습니다.
⑥ 책이 가방 안에 있습니다.
⑦ 책이 가방 밖에 있습니다.

문법 ②

연습 1

1) 가: 이분이 의사예요?
   나: 아니요, 이분은 간호사예요.
2) 가: 저 사람이 요리사예요?
   나: 네, 저 사람이 요리사예요.

연습 2

1) 가: 이거는 뭐예요?
   나: 그거는 지우개예요.
2) 가: 그거는 뭐예요?
   나: 이거는 모자예요.
3) 가: 저거는 뭐예요?
   나: 저거는 지도예요.

문법 ③

연습 1

	하고	와/과	(이)랑
바나나, 커피	바나나하고 커피	바나나와 커피	바나나랑 커피
책상, 의자	책상하고 의자	책상과 의자	책상이랑 의자
연필, 지우개	연필하고 지우개	연필과 지우개	연필이랑 지우개
구두, 가방	구두하고 가방	구두와 가방	구두랑 가방

연습 2

1) 가: 뭐가 있어요?
   나: 바나나가 있어요. 커피가 있어요. 바나나하고 커피가 있어요.
2) 가: 뭐가 있어요?
   나: 공책이 있어요. 볼펜이 있어요. 공책하고 볼펜이 있어요.

연습 3

1) 공책하고 볼펜이 있어요.
   공책과 볼펜이 있어요.
   공책이랑 볼펜이 있어요.
2) 시계하고 지도가 있어요.
   시계와 지도가 있어요.
   시계랑 지도가 있어요.
3) 안경하고 휴대 전화가 있어요.

안경과 휴대 전화가 있어요.
안경이랑 휴대 전화가 있어요.

읽고 쓰기

물건	잘못된 것	맞는 것
❺ 가방	의자 아래	의자 위
❻ 우산	책상 옆	책상 아래
❽ 컴퓨터	없음	책상 위에 있음

3과 화장실이 어디에 있어요?

1

① 나트 씨가 공항에 있습니다.
② 나트 씨가 기차역에 있습니다.
③ 나트 씨가 마트에 있습니다.
④ 나트 씨가 병원 앞에 있습니다.
⑤ 나트 씨가 지하철역에 있습니다.
⑥ 나트 씨가 학교에 있습니다.
⑦ 나트 씨가 주민 자치 센터에 있습니다.

2

가다 / 마시다 / 공부하다 / 자다 / 먹다 /오다 / 타다 / 읽다

3

우유 / 물 / 빵 / 커피 / 밥 / 바나나

문법 ❶

연습 1

	-ㅂ니다	-ㅂ니까?
가다	갑니다	갑니까?
오다	옵니다	옵니까?
공부하다	공부합니다	공부합니까?
마시다	마십니다	마십니까?
타다	탑니다	탑니까?
자다	잡니다	잡니까?

	-습니다	-습니까?
먹다	먹습니다	먹습니까?
많다	많습니다	많습니까?
적다	적습니다	적습니까?
있다	있습니다	있습니까?
없다	없습니다	없습니까?
읽다	읽습니다	읽습니까?

연습 2

1) 가: 사람이 적습니까?
나: 네, 사람이 적습니다.

2) 가: 가방이 큽니까?
나: 네, 가방이 큽니다.

3) 가: 구두가 작습니까?
나: 네, 구두가 작습니다.

4) 가: 가방이 작습니까?
나: 네, 가방이 작습니다.

연습 3

갑니다 ⇨ 공부합니다 ⇨ 먹습니다 ⇨ 탑니다 ⇨ 마십니다 ⇨ 읽습니다 ⇨ 잡니다

문법 ❷

연습 1

	를		을
커피	커피를	밥	밥을
우유	우유를	빵	빵을
친구	친구를	책	책을

연습 2

1) 밥을 먹습니다.
2) 물을 마십니다.
3) 공부를 합니다.
4) 버스를 탑니다.
5) 책을 읽습니다.

연습 3

버스를 탑니다. ⇨ 공부를 합니다. ⇨ 밥을 먹습니다. ⇨ 물을 마십니다. ⇨ 책을 읽습니다. ⇨ 잡니다.

문법 ❸

연습 1

의				
나트	나트의	저	저의	제
한국	한국의	나	나의	내
선생님	선생님의	너	너의	네

연습 2

1) 엔젤의 볼펜
2) 선생님의 책
3) 나트의 휴대 전화
4) 아미르의 모자

연습 3

1) 가: 누구의 안경이에요?
   나: 마이클 씨의 안경이에요.
2) 가: 누구의 가방이에요?
   나: 미셸 씨의 가방이에요.
3) 가: 누구의 구두예요?
   나: 자가 씨의 구두예요.
4) 가: 누구의 시계예요?
   나: 에디 씨의 시계예요.

읽고 쓰기

1.

②	다문화가족지원센터에 갑니다.	⑥	커피를 마십니다.
①	바나나를 먹습니다.	⑦	책을 읽습니다.
⑧	잡니다.	⑤	버스를 탑니다.
③	한국어를 공부합니다.	④	밥을 먹습니다.

4과 주말에는 보통 집에서 쉬어요.

어휘

1

일어나다 / 책을 읽다 / 텔레비전을 보다 / 한국어 숙제를 하다
청소를 하다 / 빨래를 하다 / 음식을 만들다 / 잠을 자다
샤워를 하다 / 밥을 먹다 / 장을 보다 / 옷을 사다

2

일어납니다 / 음식을 만듭니다 / 텔레비전을 봅니다 / 밥을 먹습니다
컴퓨터를 합니다 / 청소를 합니다 / 한국어 숙제를 합니다 / 빨래를 합니다
장을 봅니다 / 옷을 삽니다 / 책을 읽습니다 / 샤워를 합니다 / 잠을 잡니다

3

약국 / 학교 / 은행 / 미용실

문법 ❶

연습 1

-아요		-어요		-해요	
앉다	앉아요	읽다	읽어요	하다	해요
가다	가요	먹다	먹어요	공부(를) 하다	공부(를) 해요
타다	타요	쉬다	쉬어요	숙제(를) 하다	숙제(를) 해요
만나다	만나요	마시다	마셔요	청소(를) 하다	청소(를) 해요
보다	봐요	배우다	배워요	빨래(를) 하다	빨래(를) 해요

연습 2

1) 가: 나레카 씨가 청소를 해요?
   나: 아니요, 나레카 씨는 책을 읽어요.
2) 가: 석훈 씨는 지금 뭐 해요?
   나: 석훈 씨는 자요.
3) 가: 엔젤 씨는 주말에 보통 뭐 해요?
   나: 저는 주말에 보통 장을 봐요.
4) 가: 유미 씨는 뭐 해요?
   나: 유미 씨는 음식을 만들어요.

문법 ❷

연습 1

1) 가: 에디 씨, 어디에 가요?
   나: 은행에 가요.
2) 가: 아미르 씨는 오늘 어디에 가요?
   나: 회사에 가요.
3) 가: 미셸 씨, 지금 어디에 가요?
   나: 병원에 가요.
4) 가: 엔젤 씨는 어디에 가요?
   나: 약국에 가요.
5) 가: 자가 씨는 어디에 가요?
   나: 미용실에 가요.
6) 가: 나레카 씨는 학교에 가요?
   나: 네, 학교에 가요.

문법 ❸

연습 1

1) 마트에서 장을 봐요.
2) 커피숍에서 커피를 마셔요.
3) 옷 가게에서 옷을 사요.
4) 식당에서 밥을 먹어요.
5) 집에서 숙제를 해요.

연습 2

1) 가: 어디에서 한국어 숙제를 해요?
   나: 집에서 한국어 숙제를 해요.
2) 가: 어디에서 장을 봐요?
   나: 마트에서 장을 봐요.
3) 가: 오늘 어디에서 밥을 먹어요?
   나: 식당에서 밥을 먹어요.
4) 가: 어디에서 옷을 사요?
   나: 옷 가게에서 옷을 사요.

5과 한국 생활이 어때요?

1

음식 / 교통 / 날씨

2

1) 김치 - 맵다
2) 아이스크림 - 달다
3) 소금 - 짜다
4) 레몬 - 시다

3

재미있다 / 재미없다 / 맛있다 / 맛없다
편하다 / 불편하다 / 비싸다 / 싸다
빠르다 / 느리다 / 많다 / 적다
쉽다 / 어렵다 / 가볍다 / 무겁다

4

날씨가 더워요. / 날씨가 추워요. / 비가 와요.
눈이 와요. / 날씨가 흐려요. / 바람이 불어요.

문법 ❶

연습 1

1) 김밥이 맛있고 싸요.
2) 주스가 싸고 달아요.
3) 공부가 쉽고 재미있어요.

연습 2

1) 나트는 빵을 먹고 자가는 커피를 마셔요.
2) 에디 씨는 공부하고 자가 씨는 책을 읽어요.
3) 미셸은 장을 보고 엔젤은 청소를 해요.

문법 ❷

연습 1

-아/어요			
쉽다	쉬워요	어렵다	어려워요
가볍다	가벼워요	무겁다	무거워요
덥다	더워요	춥다	추워요
맵다	매워요	*돕다	도와요

연습 2

1) 가: 한국어 공부가 쉬워요?
   나: 네, 한국어 공부가 쉬워요.
2) 가: 한국어 공부가 어려워요?
   나: 네, 한국어 공부가 어려워요.
3) 가: 날씨가 더워요?
   나: 네, 날씨가 더워요.
4) 가: 날씨가 추워요?
   나: 네, 날씨가 추워요.
5) 가: 가방이 무거워요?
   나: 네, 가방이 무거워요.
6) 가: 가방이 가벼워요?
   나: 네, 가방이 가벼워요.

문법 ❸

연습 1

1) 한국 생활이 재미있어요. 한국 생활이 재미없어요.
2) 한국 날씨가 더워요. 한국 날씨가 추워요.
3) 한국 교통이 편해요. 한국 교통이 불편해요.
4) 한국 음식이 맛있어요. 한국 음식이 맛없어요.
5) 한국어 공부가 쉬워요. 한국어 공부가 어려워요.

연습 2

1) 가: 한국 음식이 어때요?
   나: 맛있어요.
2) 가: 한국 교통이 어때요?
   나: 편리해요.
3) 가: 한국 영화가 어때요?
   나: 재미없어요.
4) 가: 한국 날씨가 어때요?
   나: 추워요.

연습 3

가: 흐엉 씨, 고향 음식이 어때요?
나: 베트남 음식이 맛있어요.
가: ○○ 씨, 고향 날씨가 어때요?
나: 필리핀 날씨가 더워요.
가: △△ 씨, 고향 교통이 어때요?
나: 중국 교통이 복잡해요.

읽고 쓰기

1) 한국어 공부는 어려워요. (×)
2) 학생들이 열심히 공부해요. (○)
3) 우리 선생님은 재미없어요. (×)
4) 우리 반에 미국 사람이 없어요. (○)

6과 제 생일은 6월 11일이에요.

어휘

2

일월 / 이월 / 삼월 / 사월 / 오월 / *유월 / 칠월 / 팔월 / 구월 / *시월 / 십일월 / 십이월

3

가: 며칠이에요?
나: 1일이에요.
가: 무슨 요일이에요?
나: 수요일이에요.

5

한 시 오 분이에요. / 두 시 십 분이에요. / 세 시 십오 분이에요. / 네 시 이십 분이에요. / 다섯 시 이십오 분이에요. / 여섯 시 삼십 분(여섯 시 반)이에요. / 일곱 시 삼십오 분이에요. / 여덟 시 사십 분이에요. / 아홉 시 사십오 분이에요. / 열 시 오십 분이에요. / 열한 시 오십오분이에요. / 열두 시예요. / 아홉 시 이십오 분이에요. / 열한 시 삼십 분(열한 시 반)이에요. / 다섯 시 삼십 분(다섯 시 반)이에요. / 여섯 시 사십오 분이에요.

문법 ❶

연습 1

1) 에디 씨의 생일은 삼월 십사 일입니다.
2) 자가 씨의 생일은 유월 십사 일입니다.
3) 나레카 씨의 생일은 팔월 십오 일입니다.
4) 엔젤 씨의 생일은 시월 십사 일입니다.
5) 나트 씨의 생일은 십이월 이십오 일입니다.

연습 2

1) 가: 몇 월입니까?
   나: 팔월입니다.
2) 가: 오늘이 몇 월 며칠입니까?
   나: 오늘은 팔월 십육 일입니다.
3) 가: 오늘은 무슨 요일입니까?
   나: 오늘은 월요일입니다.
4) 가: 아이 생일은 며칠입니까?
   나: 아이 생일은 이십일 일입니다.
5) 가: 친구와의 약속은 언제입니까?
   나: 친구와의 약속은 팔월 이십육 일입니다.
6) 가: 친구와의 약속은 무슨 요일입니까?
   나: 친구와의 약속은 목요일입니다.

문법 ❷

연습 1

1) 다문화가족지원센터에서 한국어를 공부해요.
2) 몇 시에 한국어를 공부해요?
3) 식당에서 친구를 만나요.
4) 7월 8일에 생일 파티를 해요.
5) 수요일에 한국어 시험을 봐요.

연습 2

1) 가: 몇 월 며칠에 한국어 시험을 봐요?
   나: 오월 십오 일에 시험을 봐요.
   가: 무슨 요일에 시험을 봐요?
   나: 금요일에 시험을 봐요.

가: 시험이 몇 시에 끝나요?
나: 열한 시에 끝나요.

2) 가: 며칠에 친구하고 영화를 봐요?
나: 구월 칠 일에 영화를 봐요.
가: 영화가 몇 시에 시작해요?
나: 한 시 삼십 분에 시작해요.

3) 가: 몇 월 며칠에 부산에 가요?
나: 십이월 십칠 일에 가요.
가: 무슨 요일에 부산에 가요?
나: 토요일에 부산에 가요.
가: 몇 시에 기차를 타요?
나: 아홉 시 삼십 분에 타요.

4) 가: 친구를 언제 만나요?
나: 팔월 십구 일 수요일에 만나요.
가: 몇 시에 만나요?
나: 두 시 삼십 분에 만나요.

문법 ❸

연습 1

1) 가: 집에 가요?
나: 아니요. 집에 안 가요.

2) 가: 한국어를 공부해요?
나: 아니요. 한국어를 공부 안 해요.

3) 가: 커피를 마셔요?
나: 아니요. 커피를 안 마셔요.

4) 가: 컴퓨터해요?
나: 아니요. 컴퓨터를 안 해요.

연습 2

1) 가: 소고기를 먹어요?
나: 아니요, 우리 나라에서는 소고기를 먹지 않아요.

2) 가: 영화관에 사람이 많아요?
나: 아니요. 사람들이 많지 않아요.

3) 가: 준수 씨, 담배를 피워요?
나: 아니요, 저는 담배를 피우지 않아요. 아내가 안 좋아해요.

4) 가: 미영 씨, 가방이 아주 커요. 무거워요?
나: 아니요. 무겁지 않아요.

읽고 쓰기

1) 화요일: ① 회사에서 회의를 합니다.
2) 수요일: ③ 고향 친구를 만납니다.
3) 금요일: ② 홍콩에 출장을 갑니다.

7과 불고기 이 인분 주세요.

1

불고기 / 삼겹살 / 비빔밥 / 된장찌개
김치찌개 / 삼계탕 / 김밥 / 떡볶이
냉면 / 피자 / 치킨 / 햄버거

3

10	십	100	백	1000	천
20	이십	200	이백	2000	이천
30	삼십	300	삼백	3000	삼천
40	사십	400	사백	4000	사천
50	오십	500	오백	5000	오천
60	육십	600	육백	6000	육천
70	칠십	700	칠백	7000	칠천
80	팔십	800	팔백	8000	팔천
90	구십	900	구백	9000	구천
100	백	1000	천	10000	만

150	백오십	11,100	만 천백
230	이백삼십	92,050	구만 이천오십
1,100	천백	245,000	이십사만 오천
8,400	팔천사백	111,111	십일만 천백십일

4

이 원피스는 칠만 오천 원이에요.
이 가방은 만 오백 원이에요.
이 휴대 전화는 사십오만 원이에요.
이 책은 팔천칠백 원이에요.

문법 ❶

연습 1

-세요		-으세요	
가다	가세요	읽다	읽으세요
보다	보세요	앉다	앉으세요
주다	주세요	*줍다	주우세요
공부하다	공부하세요	*만들다	만드세요

연습 2

1) 가: 여기 앉으세요.
   나: 네, 고마워요.

2) 가: 메뉴판 좀 주세요.
   나: 네, 잠깐만 기다리세요.

3) 가: 뭘 드릴까요?
   나: 삼겹살하고 불고기 주세요.

4) 가: 나트 씨, 3쪽 읽으세요.
   나: 네.

연습 3

1) 읽다 → 책을 읽으세요.
2) 쓰다 → 쓰세요.
3) 숙제하다 → 숙제하세요.
4) 공부하다 → 공부하세요.
5) 따라하다 → 따라하세요.

문법 ②

연습 1

1) 바나나 세 개
2) 주스 네 잔
3) 피자 두 판

연습 2

1) 가: 사과가 몇 개예요?
   나: 한 개예요.

2) 가: 냉면이 몇 그릇이에요?
   나: 두 그릇이에요.

3) 가: 물이 몇 병이에요?
   나: 세 병이에요.

4) 가: 치킨이 몇 마리예요?
   나: 한 마리예요.

5) 가: 주스가 몇 잔이에요?
   나: 네 잔이에요.

6) 가: 피자가 몇 조각이에요?
   나: 다섯 조각이에요.

문법 ③

연습 1

1) 저는 아침에 빵을 먹어요. 그리고 우유도 마셔요.
2) 저는 요리를 배워요. 그리고 태권도도 배워요.
3) 저는 오늘 백화점에 가요. 그리고 영화관에도 가요.

연습 2

1) 가: 저는 요즘 한국어를 배워요.
   나: 남편도 한국어를 배워요?
   가: 네, 남편도 한국어를 배워요.

2) 가: 제 고향은 아주 더워요. 자가 씨 고향도 더워요?
   나: 네, 제 고향도 아주 더워요.

3) 가: 저는 농구를 아주 좋아해요.
   아미르 씨도 농구를 좋아해요?
   나: 네, 저도 농구를 아주 좋아해요.

읽고 쓰기

1) 캄보디아 음식은 매워요. (×)
2) 한국 음식은 안 매워요. (×)
3) 불고기는 맵고 맛있어요. (×)
4) 저는 불고기가 입에 맞아요. (○)

8과 좀 깎아 주세요.

어휘

1

분식집 / 채소 가게 / 과일 가게
옷 가게 / 생선 가게

2

무 / 배추 / 오이

3

1) 가: 사과를 좋아해요? 배를 좋아해요?
   나: 저는 사과를/배를 좋아해요. 사과가/배가 맛있어요.

2) 가: 딸기를 좋아해요? 수박을 좋아해요?
   나: 저는 딸기를/수박을 좋아해요. 딸기가/수박이 맛있어요.

4

저는 시장을 좋아해요. 시장에는 물건이 많아요. 시장 물건은 값이 싸요. 집 근처 마트에서 배추 한 통에 2,600원이에요. 하지만 시장에서는 배추 한 통에

2,000원이에요. 그리고 시장에서는 물건값을 깎아 줘요.

문법 ❶

연습 1

-아 주세요		-어 주세요	
가다	가 주세요	바꾸다	바꿔 주세요
깎다	깎아 주세요	가르치다	가르쳐 주세요
앉다	앉아 주세요	넣다	넣어 주세요
*돕다	도와 주세요	*줍다	주워 주세요

해 주세요	
준비하다	준비해 주세요
포장하다	포장해 주세요
청소를 하다	청소를 해 주세요
말씀하다	말씀해 주세요

연습 2

1) 가: 선생님, 다시 가르쳐 주세요.
   나: 네, 여기 보세요.
2) 가: 여보세요? 나트 씨 좀 바꿔 주세요.
   나: 네, 잠시만요.
3) 가: 어디로 가세요?
   나: 명동역으로 가 주세요.
4) 가: 뭘 드릴까요?
   나: 햄버거 일 인분(1인분) 포장해 주세요.
5) 가: 죄송하지만 다시 말씀해 주세요.
   나: 네, 다시 들으세요.

문법 ❷

연습 1

1) 가: 에디 씨는 뭐 해요?
   나: 밥을 먹고 쉬어요.
2) 가: 토요일에 보통 뭐 해요?
   나: 텔레비전을 보고 청소해요.
3) 가: 나레카 씨는 저녁에 보통 뭐 해요?
   나: 음악을 듣고 책을 읽어요.

연습 2

1) 가: 어떻게 사용해요?
   나: 먼저 동전을 넣고 밀크커피를 누르세요.
2) 가: 번호표를 뽑고 기다리세요.
   나: 알겠습니다.

문법 ❸

연습 1

1) 덥네요.
2) 춥네요.
3) 예쁘네요.
4) 비싸네요.

연습 2

1) 가: 에디 씨는 키가 190cm예요.
   나: 와, 정말 키가 크네요. / 크군요.
2) 가: 음식이 모두 맛있네요. / 맛있군요.
   나: 고마워요. 많이 드세요.
3) 가: 자가 씨는 한국어를 정말 잘하네요. / 잘하는군요.
   나: 네, 아주 잘해요.
4) 가: 비가 오네요. / 오는군요. 우산 있어요?
   나: 아니요, 없어요.

읽고 쓰기

1) ④ 재래시장
2) ② 분식집에서 음식을 팔아요.

보충 · 복습(1~8과) 정답

듣기

1. ②	2. ②	3. ①	4. ③	5. ④
6. ④	7. ②	8. ④	9. ①	10. ①
11. ③	12. ④	13. ②	14. ③	15. ②

읽기

1. ①	2. ①	3. ③	4. ④	5. ①
6. ②	7. ④	8. ③	9. ④	10. ④
11. ③	12. ①	13. ②	14. ③	15. ②
16. ④	17. ①	18. ②	19. ③	20. ②

9과 주말에 친구하고 등산했어요.

어휘

1

낚시를 하다 / 사진을 찍다 / 요리를 하다 / 피아노를 치

다
기타를 치다 / 등산을 하다 / 영화를 보다 / 춤을 추다
그림을 그리다 / 드라마를 보다 / 여행을 하다 / 책을 읽다
게임을 하다 / 노래를 하다 / 쇼핑을 하다 /음악을 듣다

2

하다 – 축구를 하다 / 농구를 하다 / 야구를 하다 / 배구를 하다

치다 – 테니스를 치다 / 배드민턴을 치다 / 볼링을 치다 / 골프를 치다

타다 – 스키를 타다 / 스케이트를 타다 /

3

가: 오늘 뭐 해요?
나: 드라마를 봐요.
가: 주말에 보통 뭐 해요?
나: 등산을 해요.

문법 ①

연습 1

	–았–		–었–
가다	갔어요	먹다	먹었어요
만나다	만났어요	읽다	읽었어요
보다	봤어요	만들다	만들었어요
자다	잤어요	배우다	배웠어요
타다	탔어요	마시다	마셨어요
*돕다	도왔어요	*춥다	추웠어요

	–했–
숙제하다	숙제했어요
여행하다	여행했어요
운동하다	운동했어요
전화하다	전화했어요
청소하다	청소했어요
공부하다	공부했어요

연습 2

1) 먹었습니다.
2) 마셨습니다.
3) 탔습니다.
4) 가르쳤습니다.
5) 배웠습니다.
6) 왔습니다.
7) 봤습니다.
8) 잤습니다.

문법 ②

연습 1

	–아서		–어서
가다	가서	만들다	만들어서
만나다	만나서	배우다	배워서
받다	받아서	읽다	읽어서
오다	와서	빌리다	빌려서
일어나다	일어나서	바꾸다	바꿔서

	해서
결혼하다	결혼해서
공부하다	공부해서
운동하다	운동해서
요리하다	요리해서
전화하다	전화해서

연습 2

1) 가: 주말에 뭐 했어요?
   나: 저녁을 만들어서 가족하고 먹었어요.
2) 가: 오늘 아침에 뭐 했어요?
   나: 일어나서 물을 마셨어요.
3) 가: 어제 저녁에 뭐 했어요?
   나: 친구를 만나서 쇼핑했어요.
4) 가: 어제 오후에 뭐 했어요?
   나: 도서관에서 책을 빌려서 읽었어요.

문법 ③

연습 1

	–아/어요	–았/었어요	–(으)세요
*듣다	들어요	들었어요	들으세요
*걷다	걸어요	걸었어요	걸으세요
닫다	닫아요	닫았어요	닫으세요
받다	받아요	받았어요	받으세요

–ㅂ/습니다
듣습니다
걷습니다
닫습니다
받습니다

연습 2

1) 가: 공원에서 뭐 해요?
   나: 아이하고 같이 걸어요.
2) 가: 어제 뭐 했어요?
   나: 음악을 들었어요.
3) 가: 지금 무엇을 합니까?
   나: 창문을 닫습니다.
4) 가: 지금 뭐 해요?
   나: 선물을 받아요.

읽고 쓰기

1) 아침에 일어나서 운동했어요.(×)
2) 버스를 타고 다문화가족지원센터에 갔어요.(×)
3) 오후에는 집에서 음악을 들었어요.(○)

10과 가족과 놀이공원에 갈 거예요.

어휘

1

지난주 / 이번 주 / 다음 주
그제 / 어제 / 오늘 / 내일 / 모레

2

새벽 / 아침 / 점심 / 저녁 / 밤

3

1) 이번 달은 1월이에요.
2) 매주 월요일, 금요일 오전 10시에 한국어 수업이 있어요.
3) 지난주 토요일에 백화점에서 쇼핑했어요.
4) 내일 밤에 영화를 봐요.
5) 다음 주 21일부터 23일까지 휴가예요.
6) 23일 저녁에 여행에서 돌아와요.

문법 ❶

연습 1

	-ㄹ 거예요		-을 거예요
가다	갈 거예요	먹다	먹을 거예요
보다	볼 거예요	읽다	읽을 거예요
하다	할 거예요	*만들다	만들 거예요
마시다	마실 거예요	*돕다	도울 거예요
쉬다	쉴 거예요	*듣다	들을 거예요

연습 2

1) 운동할 거예요.
2) 만날 거예요.
3) 먹을 거예요.
4) 살 거예요.
5) 볼 거예요.
6) 갈 거예요.

연습 3

1) 가: 센터에서 뭐 배울 거예요?
   나: 컴퓨터를 배울 거예요.
2) 가: 저녁에 뭐 할 거예요?
   나: 집에서 만두를 만들 거예요.

문법 ❷

연습 1

1) 가: 아침에 보통 뭐 먹어요?
   나: 아침에 사과를 먹거나 우유를 마셔요.
2) 가: 방학에 어디 갈 거예요?
   나: 방학에 부산에 가거나 고향에 갈 거예요.
3) 가: 주말에 아이하고 보통 뭐 해요?
   나: 놀이터에 가거나 영화를 봐요.
4) 가: 주말에 보통 뭐 해요?
   나: 집에서 쉬거나 외식을 해요.

연습 2

1) 가: 무슨 수업을 들을 거예요?
   나: 한국 요리 수업이나 컴퓨터 수업을 들을 거예요.
2) 가: 휴가에 어디에 갈 거예요?
   나: 안동이나 담양에 갈 거예요.
3) 가: 뭘 시킬까요?
   나: 커피나 차를 시킵시다.
4) 가: 아이 생일에 뭘 살 거예요?
   나: 책이나 장난감을 살 거예요.

문법 ❸

연습 1

	-러 가다/오다		-으러 가다/오다
보다	보러 가요/와요	먹다	먹으러 가요/와요
사다	사러 가요/와요	받다	받으러 가요/와요
공부하다	공부하러 가요/와요	*만들다	만들러 가요/와요
가르치다	가르치러 가요/와요	*줍다	주우러 가요/와요
배우다	배우러 가요/와요	*듣다	들으러 가요/와요

연습 2

1) 환전을 하러 은행에 가요.
2) 선물을 사러 백화점에 갔어요.
3) 한국 여행하러 친구가 올 거예요.
4) 소포를 보내러 우체국에 갈 거예요.

연습 3

1) 가: 어디에 가요?
   나: 장을 보러 마트에 가요.
2) 가: 어디에 가요?
   나: 한국어를 공부하러 다문화가족지원센터에 가요.
3) 가: 어디에 가요?
   나: 가족하고 밥을 먹으러 식당에 가요.
4) 가: 어디에 가요?
   나: 영화를 보러 영화관에 가요.
5) 가: 어디에 가요?
   나: 소포를 보내러 우체국에 가요.

읽고 쓰기

1) 태국 치앙마이
2) ① 부모님과 태국에 갈 거예요.
3) ① 치앙마이는 바다가 가깝습니다. (○)
   ② 두리안은 비쌉니다. (×)

11과 터미널에 어떻게 가요?

어휘

1

비행기 / 배 / 기차 / 버스
지하철 / 택시 / 오토바이 / 자전거

2

1) 가: 집에 어떻게 가요?
   나: 자전거를 타요.
2) 가: 집에 어떻게 가요?
   나: 버스를 타요.
3) 가: 집에 어떻게 가요?
   나: 택시를 타요.
4) 가: 집에 어떻게 가요?
   나: 지하철을 타요.

3

1) 공항 – ③ 비행기
2) 지하철역 – ⑤ 지하철
3) 버스 정류장 – ① 버스
4) 기차역 – ② 기차
5) 고속버스 터미널 – ④ 고속버스

4

1) 지하철역에서 지하철을 타요.
2) 버스 정류장에서 버스에서 내려요.
3) 지하철에서 버스로 갈아타요.

문법 ❶

연습 1

-려고 하다		-으려고 하다	
가다	가려고 하다	먹다	먹으려고 하다
보다	보려고 하다	읽다	읽으려고 하다
하다	하려고 하다	*만들다	만들려고 하다
배우다	배우려고 하다	*돕다	도우려고 하다
쉬다	쉬려고 하다	*듣다	들으려고 하다

연습 2

1) 자가 씨는 라면을 먹으려고 해요.
2) 지영 씨는 잠을 자려고 해요.

연습 3

1) 가: 점심에 뭐 먹을 거예요?
   나: 김밥을 먹으려고 해요.
2) 가: 무슨 노래를 들을 거예요?
   나: 케이팝을 들으려고 해요.

문법 ❷

연습 1

로		으로	
버스	버스로	손	손으로
비행기	비행기로	젓가락	젓가락으로
*연필	연필로	볼펜	볼펜으로
*지하철	지하철로	인터넷	인터넷으로

연습 2

숟가락으로 먹어요.
젓가락으로 먹어요.
포크로 먹어요.
나이프로 먹어요.

연습 3

1) 가: 고향 친구하고 어떻게 연락해요?
   나: 인터넷으로 연락해요.
2) 가: 뭐로 드라마를 봐요?
   나: 핸드폰(휴대 전화)으로 드라마를 봐요.
3) 가: 뭐로 계산할 거예요?
   나: 신용 카드로 계산하려고 해요.

문법 ❸

연습 1

1) 제주도에서 서울까지 비행기로 갔어요.
2) 전주에서 서울까지 고속버스로 갔어요.
3) 춘천에서 서울까지 지하철로 갔어요.

연습 2

1) 가: 집에서 병원까지 얼마나 걸려요?
   나: 집에서 병원까지 1시간쯤 걸려요.
2) 가: 집에서 지하철역까지 얼마나 걸려요?
   나: 10분쯤 걸려요.
3) 가: 집에서 마트가 멀어요?
   나: 아니요, 가까워요. 집에서 마트까지 20분쯤 걸려요.
4) 가: 집에서 학교가 가까워요?
   나: 조금 멀어요. 집에서 학교까지 40분쯤 걸려요.

읽고 쓰기

1) ④ 태국 버스는 시간이 오래 걸립니다.

12과 김치를 만들 수 있어요.

어휘

1

한국말을 하다 / 한국 노래를 하다 / 김치를 만들다
소주를 마시다 / 한국어책을 읽다 / 막걸리를 마시다
된장찌개를 만들다 / 혼자 한국 여행을 하다 / 한국 음식을 만들다

2

재미있다	재미없다
맛있다	맛없다
친절하다	불친절하다
편리하다	불편하다
좋다	나쁘다
싸다	비싸다
쉽다	어렵다
덥다	춥다
빠르다	느리다
많다	적다

3

1) 한국 음식이 맛있어요. / 맛없어요.
2) 한국 사람이 친절해요. / 불친절해요. / 좋아요. / 나빠요.
3) 한국어 공부가 재미있어요. / 재미없어요. / 쉬워요. / 어려워요.
4) 한국 날씨가 더워요. / 추워요. / 좋아요. / 나빠요.
5) 한국 물건이 싸요. / 비싸요. / 좋아요. / 나빠요.

문법 ❶

연습 1

1) 한국 음식이 비싸지만 맛있어요.
2) 한국 날씨가 덥지만 바람이 불어요.
3) 한국 택시가 비싸지만 편해요.

연습 2

1) 가: 과일이 어때요?
   나: 비싸지만 맛있어요.
2) 가: 이 휴대 전화가 어때요?
   나: 비싸지만 좋아요.
3) 가: 동대문 시장이 어때요?
   나: 멀지만 싸요.

연습 3

전라도 여행	□ 가깝다 ☑ 멀다	전라도 여행이 멀지만 재미있었어요.
	☑ 재미있다 □ 재미없다	
전라도 음식	☑ 짜다 □ 달다	전라도 음식이 짜지만 맛있었어요.
	☑ 맛있다 □ 맛없다	
전주 비빔밥	□ 짜다 ☑ 맵다	전주 비빔밥이 맵지만 맛있었어요.
	☑ 맛있다 □ 맛없다	

문법 ②

연습 1

-ㄹ 수 있다/없다		-을 수 있다/없다	
가다	갈 수 있다/없다	먹다	먹을 수 있다/없다
보다	볼 수 있다/없다	읽다	읽을 수 있다/없다
보내다	보낼 수 있다/없다	*만들다	만들 수 있다/없다
마시다	마실 수 있다/없다	*줍다	주울 수 있다/없다
하다	할 수 있다/없다	*듣다	들을 수 있다/없다

연습 2

1) 가: 고향 음식을 만들 수 있어요?
   나: 네, 만들 수 있어요.
2) 가: 김치를 먹을 수 있어요?
   나: 아니요, 먹을 수 없어요.
3) 가: 한국에서 고향 텔레비전을 볼 수 있어요?
   나: 아니요, 볼 수 없어요.

연습 3

1) 일본어는 할 수 있지만 영어는 할 수 없어요.
2) 막걸리는 마실 수 없지만 소주는 마실 수 있어요.
3) 컴퓨터는 할 수 있지만 운전은 할 수 없어요.

문법 ③

연습 1

못	
가다	못 가다
마시다	못 마시다
먹다	못 먹다
부르다	못 부르다
듣다	못 듣다
공부하다	공부를 못 하다
숙제하다	숙제를 못 하다

연습 2

1) 가: 소주 마실 수 있어요?
   나: 아니요. 소주를 못 마셔요. / 소주를 마시지 못해요.
2) 가: 한국 노래를 부를 수 있어요?
   나: 아니요. 한국 노래를 못 불러요. / 한국 노래를 부르지 못해요.
3) 가: 된장찌개를 만들 수 있어요?
   나: 아니요. 된장찌개를 못 만들어요. / 된장찌개를 만들지 못해요.
4) 가: 태권도를 할 수 있어요?
   나: 아니요. 태권도를 못해요. / 태권도를 하지 못해요.

읽고 쓰기

할 수 있어요?	네	아니요	할 수 있어요?	네	아니요
1) 영어를 하다	○		2) 힌디어를 하다	○	
3) 소고기를 먹다		○	4) 돼지고기를 먹다	○	
5) 한국 음식을 만들다	○		6) 인도 음식을 만들다	○	
7) 컴퓨터를 하다	○		8) 운전을 하다		○

13과 가족들에게 선물을 보내고 싶어요.

어휘

1

빨갛다 / 노랗다 / 하얗다 / 까맣다 / 파랗다

2

가: 무슨 색을 좋아해요?
나: 저는 빨간색을 좋아해요.
가: 무슨 색을 좋아해요?
나: 저는 주황색을 좋아해요.

3

1) 빨간색 셔츠하고 파란색 바지를 입었어요.
2) 보라색 셔츠와 하얀색 바지를 입었어요.
3) 하얀색 블라우스와 초록색 치마를 입었어요.

4

1) 꽃 / 2) 한복 / 3) 청소기 / 4) 운동화
5) 책 / 6) 축하금 / 7) 구두 / 8) 시계
9) 화장품 / 10) 목걸이 / 11) 지갑 / 12) 케이크

5

저는 친구 생일에 화장품을 줬어요.
저는 아이 생일에 운동화를 줬어요.

문법 ①

연습 1

-고 싶다		-고 싶어 하다	
가다	가고 싶다	가다	가고 싶어 하다
오다	오고 싶다	오다	오고 싶어 하다
먹다	먹고 싶다	먹다	먹고 싶어 하다
앉다	앉고 싶다	앉다	앉고 싶어 하다

연습 2

1) 가: 무엇을 사고 싶어요?
   나: 휴대 전화를 사고 싶어요.
2) 가: 생일에 뭘 받고 싶어요?
   나: 꽃을 받고 싶어요.
3) 가: 누가 보고 싶어요?
   나: 부모님이 보고 싶어요.
4) 가: 무엇을 먹고 싶어요?
   나: 딸기가 먹고 싶어요.
5) 가: 무슨 옷을 사고 싶어요?
   나: 바지를 사고 싶어요.
6) 가: 에디 씨가 무엇을 먹고 싶어 해요?
   나: 에디 씨가 비빔밥을 먹고 싶어 해요.

문법 ②

연습 1

	-은		-ㄴ
작다 + 가방	작은 가방	크다 + 가방	큰 가방
좋다 + 날씨	좋은 날씨	나쁘다 + 날씨	나쁜 날씨
넓다 + 방	넓은 방	비싸다 + 옷	비싼 옷
많다 + 돈	많은 돈	싸다 + 옷	싼 옷
*춥다 + 날씨	추운 날씨	예쁘다 + 아기	예쁜 아기
*덥다 + 날씨	더운 날씨	친절하다 + 사람	친절한 사람
*맵다 + 음식	매운 음식	유명하다 + 장소	유명한 장소
*어렵다 + 문제	어려운 문제	깨끗하다 + 화장실	깨끗한 화장실
*길다 + 바지	긴 바지	빠르다 + 컴퓨터	빠른 컴퓨터
*멀다 + 장소	먼 장소	느리다 + 인터넷	느린 인터넷
맛있다 + 음식	맛있는 음식	맛없다 + 음식	맛없는 음식
재미있다 + 영화	재미있는 영화	재미없다 + 영화	재미없는 영화
*하얗다 + 색	하얀색	*까맣다 + 색	까만색
*파랗다 + 색	파란색	*빨갛다 + 색	빨간색

연습 2

1) 가: 그 영화가 어때요?
   나: 정말 재미있는 영화예요. 꼭 보세요.
2) 가: 한국 음식을 좋아해요?
   나: 네, 아주 좋아해요. 저는 매운 음식을 잘 먹어요.
3) 가: 어떤 색을 좋아해요?
   나: 저는 파란색을 좋아해요.

문법 ❸

연습 1

	-아서		-어서
작다	작아서	먹다	먹어서
좋다	좋아서	늦다	늦어서
보다	봐서	막히다	막혀서
많다	많아서	*걷다	걸어서
*돕다	도와서	*덥다	더워서

	-해서
사랑하다	사랑해서
공부하다	공부해서
좋아하다	좋아해서
복잡하다	복잡해서
편리하다	편리해서

연습 2

1) 수업에 늦어서 죄송합니다.
2) 어제 청소를 해서 방이 깨끗해요.
3) 숙제가 많아서 집에서 공부할 거예요.
4) 음식이 맛있어서 많이 먹었어요.

연습 3

1) 가: 왜 늦었어요?
   나: 길이 막혀서 늦었어요.
2) 가: 공항에 왜 가요?
   나: 부모님이 와서 공항에 가요.
3) 가: 왜 코트를 입었어요?
   나: 날씨가 추워서 코트를 입었어요.

읽고 쓰기

1) 저는 어버이날에 고향에 갈 거예요.(×)
2) 어머니는 화장을 안 해요.(×)
3) 고향 사람들은 싸고 좋은 한국 화장품을 좋아해요.(○)
4) 아버지 선물은 운동화예요.(○)

14과 이 소포를 필리핀에 보내고 싶어요.

어휘

1

1) 저울에 올리다
2) 편지를 부치다
3) 주소를 쓰다
4) 소포를 포장하다
5) 우표를 붙이다
6) 상자(박스)를 고르다

2

① 배로 / ② 비행기로 / ③ 무게 / ④ 요금

3

① 보내는 분 / ② 받는 분 / ③ 연락처 / ④ 요금

문법 ❶

연습 1

1) 가: 유미 씨가 누구에게 커피를 줘요?
   나: 친구에게 커피를 줘요.
2) 가: 에디 씨가 누구에게 이메일을 써요?
   나: 부모님께 이메일을 써요.
3) 가: 이지영 선생님이 무슨 일을 해요?
   나: 학생들에게 한국어를 가르쳐요.
4) 가: 나레카 씨가 뭘 하고 있어요?
   나: 고양이에게 우유를 줘요.

연습 2

1) 가: 여자 친구에게 꽃을 선물하고 싶어요.
   어디에서 살 수 있어요?
   나: 마트 옆에 꽃집이 있어요.
2) 가: 나레카 씨가 무엇을 해요?
   나: 지금 친구에게 전화를 해요.
3) 가: 엔젤 씨, 지금 뭐 해요?
   나: 내일 수업에 갈 수 없어서 선생님께 문자를 보내요.
4) 가: 엔젤 씨, 전화 받으세요. 다문화가족지원센터 친구에게서 전화가 왔어요.
   나: 네, 잠깐만요.

문법 ❷

연습 1

1) 머리가 아프면 잠깐 앉아서 쉬세요.
2) 한국어를 모르면 선생님께 질문하세요.
3) 배가 고프면 이 음식을 드세요.

4) 가족이 보고 싶으면 고향에 전화를 하세요.
5) 시간이 있으면 우리 집에 놀러 와요.

연습 2

1) 가: 자가 씨는 보통 시간이 있으면 뭘 해요?
나: 보통 영화를 봐요.
2) 가: 석훈 씨는 돈이 많으면 뭘 하고 싶어요?
나: 여행을 많이 하고 싶어요.
3) 가: 아미르 씨는 기분이 안 좋으면 어떻게 해요?
나: 친구하고 운동을 해요.
4) 가: 이 소포를 보내고 싶어요. 배로 보내면 얼마나 걸려요?
나: 배로 보내면 2주쯤 걸려요.

문법 ❸

연습 1

	−아야 하다		−어야 하다
가다	가야 하다	먹다	먹어야 하다
사다	사야 하다	기다리다	기다려야 하다
만나다	만나야 하다	배우다	배워야 하다
앉다	앉아야 하다	읽다	읽어야 하다
찾다	찾아야 하다	*듣다	들어야 하다
*돕다	도와야 하다	*줍다	주워야 하다

	−해야 하다
청소(를) 하다	청소(를) 해야 하다
말(을) 하다	말(을) 해야 하다
빨래(를) 하다	빨래(를) 해야 하다
공부(를) 하다	공부(를) 해야 하다
숙제(를) 하다	숙제(를) 해야 하다
운동(을) 하다	운동(을) 해야 하다

연습 2

1) 청소는 10시까지만 해야 해요.
2) 쓰레기는 수요일과 금요일에 버려야 해요.
3) 담배는 밖에서 피워야 해요.

연습 3

1) 가: 에디 씨, 토요일에 시간이 있어요? 같이 영화 봐요.
나: 좋아요. 그런데 토요일에는 사람이 많아서 표를 미리 사야 해요.
2) 가: 자가 씨, 오늘 저녁에 우리 집에 오세요. 같이 놀아요.
나: 안 돼요. 내일 시험이 있어요. 그래서 오늘 밤에 공부해야 해요.
3) 가: 시청역에 가려고 해요. 한 번에 갈 수 있어요?
나: 아니요, 서울역에서 1호선으로 갈아타야 해요.
4) 가: 화장품을 고향에 보내려고 해요.
나: 화장품은 잘 포장해야 해요. 그렇지 않으면 잘 깨져요.

읽고 쓰기

1) 301호
2) 배달 아저씨, 301호의 사람들

15과 머리가 아파요.

어휘

1

	−아/어요	−아/어서	−(으)면	−고
예쁘다	예뻐요	예뻐서	예쁘면	예쁘고
아프다	아파요	아파서	아프면	아프고
바쁘다	바빠요	바빠서	바쁘면	바쁘고
나쁘다	나빠요	나빠서	나쁘면	나쁘고
쓰다	써요	써서	쓰면	쓰고

2

머리 / 1) 손 / 2) 목 / 3) 팔 / 4) 배 / 5) 다리 / 6) 발

3

1) 배가 아파요.
2) 다리가 아파요.
3) 팔이 아파요.
4) 목이 아파요.

4

1) 다리를 다쳤어요.
2) 머리를 다쳤어요.

5

1) ④ 피가 나다
2) ① 콧물이 나다

3) ② 기침이 나다
4) ③ 열이 나다

6

반창고 – 붙이다
알약 – 먹다
연고 – 바르다
물약 – 먹다

문법 ①

연습 1

	–지 마세요		–지 마세요
마시다	마시지 마세요	*줍다	줍지 마세요
먹다	먹지 마세요	*듣다	듣지 마세요
하다	하지 마세요	*쓰다	쓰지 마세요

연습 2

1) 사진을 찍지 마세요.
2) 전화하지 마세요.
3) 술을 마시지 마세요.
4) 음식을 먹지 마세요.

연습 3

담배를 피우지 마십시오.
사진을 찍지 마십시오.

문법 ②

연습 1

	–아/어도 되다	–아/어도 돼요	–아/어도 됐어요	–아/어도 될 거예요
가다	가도 되다	가도 돼요	가도 됐어요	가도 될 거예요
앉다	앉아도 되다	앉아도 돼요	앉아도 됐어요	앉아도 될 거예요
하다	해도 되다	해도 돼요	해도 됐어요	해도 될 거예요
*줍다	주워도 되다	주워도 돼요	주워도 됐어요	주워도 될 거예요
*듣다	들어도 되다	들어도 돼요	들어도 됐어요	들어도 될 거예요
*쓰다	써도 되다	써도 돼요	써도 됐어요	써도 될 거예요

연습 2

1) 가: 지금 전화해도 돼요?
나: 네, 괜찮아요.
2) 가: 죄송하지만 여기 앉아도 돼요?
나: 네, 앉으세요.
3) 가: 들어가도 돼요?
나: 네, 괜찮아요. 들어오세요.

문법 ③

연습 1

	–ㄴ 후에/ ㄴ 다음에		–은 후에/ 은 다음에
마시다	마신 후에/ 마신 다음에	먹다	먹은 후에/ 먹은 다음에
가다	간 후에/ 간 다음에	앉다	앉은 후에/ 앉은 다음에
하다	한 후에/ 한 다음에	*줍다	주운 후에/ 주운 다음에
쓰다	쓴 후에/ 쓴 다음에	*걷다	걸은 후에/ 걸은 다음에

연습 2

1) 밥을 먹은 후에/밥을 먹은 다음에 다문화가족지원센터에 가요.
2) 공부한 후에/공부한 다음에 장을 봐요.
3) 친구와 점심을 먹은 후에/점심을 먹은 다음에 집에 가요.
4) 공부한 후에/공부한 다음에 자요.

읽고 쓰기

1. ② 약은 식사한 후에 먹어야 해요.
2. 엔젤 씨는 아침에 일어난 후에 요리를 해요. 엔젤 씨는 요리를 한 후에 가족과 같이 밥을 먹어요. 엔젤 씨는 밥을 먹은 후에 아이와 같이 공원에서 산책을 해요. 엔젤 씨는 산책한 후에 남편과 장을 봐요. 엔젤 씨는 장을 본 후에 샤워를 해요. 엔젤 씨는 샤워를 한 후에 남편과 자요.

16과 같이 영화 보러 갈까요?

어휘

1

1) 가: 누가 나트 씨에게 연락할 거예요?
   나: 제가 할게요.
2) 가: 이거 누구(의) 핸드폰이에요?
   나: 제 핸드폰이에요.
3) 가: 내일 누구를 만날 거예요?
   나: 센터 친구를 만날 거예요.
4) 가: 누구한테 전화해요?
   나: 고향 부모님께 전화해요.

2

1) 가: 오늘 점심에 뭐를(무엇을) 먹을까요?
   나: 우리 불고기하고 비빔밥을 먹어요.
2) 가: 언제 만날까요?
   나: 토요일 오전에 만나요.
3) 가: 어디에서 공부했어요?
   나: 도서관에서 공부했어요.
4) 가: 부모님이 오시면 어디에 갈 거예요?
   나: 제주도에 갈 거예요.
5) 가: 부산에 어떻게 갈까요?
   나: 기차를 타고 가요.
6) 가: 이번 주말에 누구하고(누구랑, 누구와) 등산할 거예요?
   나: 친구랑 할 거예요.

3

가: 무슨 영화를 좋아해요?
나: 저는 공상 과학 영화를 좋아해요.
가: 무슨 음식을 좋아해요?
나: 저는 한식을 좋아해요.

4

가: 어떤 날씨를 좋아해요?
나: 저는 따뜻한 날씨를 좋아해요.
가: 어떤 음식을 좋아해요?
나: 단 음식을 좋아해요.

문법 ❶

연습 1

	-ㄹ까요?		-을까요?
가다	갈까요?	먹다	먹을까요?
보다	볼까요?	앉다	앉을까요?
만나다	만날까요?	닫다	닫을까요?
등산하다	등산할까요?	*만들다	만들까요?
사다	살까요?	*줍다	주울까요?
자다	잘까요?	*걷다	걸을까요?

연습 2

1) 가: 여보, 우리 오늘 저녁에 외식할까요?
   나: 네, 오래간만에 외식해요.
2) 가: 여기에 좀 앉을까요?
   나: 네, 앉읍시다.
3) 가: 내일 에디 씨 생일이에요. 같이 케이크를 만들까요?
   나: 좋아요. 그럼 우리 집에서 같이 만들어요.
4) 가: 여기에서 사진을 찍을까요?
   나: 아니요. 저기에서 찍읍시다.
5) 가: 주말에 시간이 있어요?
   나: 네, 있어요.
   가: 같이 영화 볼까요?
   나: 좋아요.

문법 ❷

연습 1

	-ㅂ시다		-읍시다
가다	갑시다	먹다	먹읍시다
보다	봅시다	읽다	읽읍시다
만나다	만납시다	닫다	닫읍시다
청소하다	청소합시다	*만들다	만듭시다
기다리다	기다립시다	*줍다	주웁시다
쉬다	쉽시다	*걷다	걸읍시다

연습 2

1) 가: 어디에서 저녁 식사할까요?
   나: 회사 근처에서 저녁 식사합시다.
2) 가: 무슨 음식을 먹을까요?
   나: 불고기를 먹읍시다.
3) 가: 우리 무슨 운동을 배울까요?

나: 태권도를 배웁시다.

4) 가: 대사관에 어떻게 갈까요?
나: 지하철을 타고 택시를 탑시다.

5) 가: 언제 만날까요?
나: 음…. 수요일에 만납시다.

6) 가: 수업 후에 무엇을 할까요?
나: 근처 식당에서 같이 점심을 먹읍시다.

문법 ③

연습 1

	-니까		-으니까
가다	가니까	있다	있으니까
오다	오니까	없다	없으니까
피곤하다	피곤하니까	*힘들다	힘드니까
바쁘다	바쁘니까	*덥다	더우니까
아프다	아프니까	*듣다	들으니까

연습 2

1) 맛있는 식당을 아니까 식당에 같이 갑시다.
2) 시장이 싸니까 시장에 가서 과일을 살까요?
3) 오늘은 바쁘니까 내일 만납시다.
4) 그 영화는 봤으니까 다른 영화를 봅시다.

연습 3

1) 가: 내일 아이의 생일이네요. 어떻게 할까요?
나: 내일이 아이 생일이니까 생일 파티를 합시다.

2) 가: 방이 너무 더러워요. 어떻게 할까요?
나: 방이 더러우니까 청소를 합시다.

3) 가: 길이 너무 막혀요. 어떻게 할까요?
나: 길이 너무 막히니까 지하철을 탈까요?

문법 ④

연습 1

	-ㄹ게요		-을게요
가다	갈게요	먹다	먹을게요
마시다	마실게요	앉다	앉을게요
하다	할게요	*팔다	팔게요
사다	살게요	*줍다	주울게요
보다	볼게요	*걷다	걸을게요

연습 2

1) 가: 바쁘면 먼저 가세요.
나: 네, 죄송해요. 저 먼저 갈게요.

2) 가: 추우니까 창문 좀 닫을까요?
나: 제가 (창문을) 닫을게요.

3) 가: 뭐 먹을까요?
나: 저는 비빔밥을 먹을게요.

4) 가: 누가 호텔을 예약할 거예요?
나: 제가 (호텔을) 예약할게요.

읽고 쓰기

1) ② 에디 씨 → 나레카 씨
2) ④

보충 · 복습(9~16과) 정답

듣기

1. ④ 2. ③ 3. ④ 4. ④ 5. ③
6. ① 7. ③ 8. ④ 9. ① 10. ③
11. ② 12. ① 13. ② 14. ③ 15. ③

읽기

1. ③ 2. ④ 3. ② 4. ③ 5. ①
6. ③ 7. ① 8. ④ 9. ③ 10. ①
11. ② 12. ④ 13. ① 14. ② 15. ③
16. ① 17. ④ 18. ② 19. ② 20. ④

듣기 지문

보충 · 복습(1~8과) 듣기

※ [1~4] 다음을 듣고 〈보기〉와 같이 물음에 맞는 대답을 고르십시오.

1. 남자: 교실에 시계가 있어요?
   여자: ____________________

2. 여자: 한국어 공부를 좋아해요?
   남자: ____________________

3. 남자: 생일이 무슨 요일이에요?
   여자: ____________________

4. 여자: 한국 생활이 어때요?
   남자: ____________________

※ [5~7] 다음을 듣고 〈보기〉와 같이 이어지는 말을 고르십시오.

5. 여자: 안녕하세요? 저는 나레카예요.
   남자: 저는 아미르예요.

6. 남자: 어서 오세요. 뭘 드릴까요?
   여자: ____________________

7. 여자: 보통 수요일에 뭐 해요?
   남자: ____________________

※ [8~9] 여기는 어디입니까? 〈보기〉와 같이 알맞은 것을 고르십시오.

8. 남자: 이 책 얼마예요?
   여자: 만 오천 원입니다.

9. 여자: 실례합니다. 과일은 어디에 있어요?
   남자: 2층에 있어요.

※ [10~13] 다음은 무엇에 대해 말하고 있습니까? 〈보기〉와 같이 알맞은 것을 고르십시오.

10. 여자: 생일이 언제예요?
    남자: 10월 16일이에요.

11. 남자: 한국어 교실이 어디에 있습니까?
    여자: 3층에 있습니다.

12. 여자: 아미르 씨는 무슨 일을 해요?
    남자: 회사원이에요.

13. 남자: 뭘 드릴까요?
    여자: 냉면 두 그릇하고 사이다 한 병 주십시오.

※ [14~15] 다음 대화를 듣고 알맞은 그림을 고르십시오.

14. 여자: 저 책상 위에 무엇이 있어요?
    남자: 안경하고 휴대 전화가 있어요.

15. 남자: 뭐 드릴까요?
    여자: 고기만두 있어요? 여기서 먹고 갈 거예요.

보충 · 복습(9~16과) 듣기

※ [1~5] 다음을 듣고 〈보기〉와 같이 대화 내용과 같은 것을 고르십시오.

1. 여자: 에디 씨, 주말 잘 보냈어요?
   남자: 네, 친구하고 낚시를 했어요. 나레카 씨는요?
   여자: 저는 토요일에 친구와 노래방에 갔어요. 그리고 일요일에는 집에서 쉬었어요.

2. 남자: 나트 씨는 김치를 만들 수 있어요?
   여자: 아니요, 만들 수 없어요.
   남자: 된장찌개는 만들 수 있어요?
   여자: 네, 만들 수 있어요. 아주 잘 만들어요.

3. 여자: 이번 주말에 시간이 있으면 같이 영화를 볼까요?
   남자: 토요일에 약속이 있어요. 일요일은 어때요?
   여자: 네, 좋아요. 몇 시에 어디에서 만날까요?
   남자: 일요일 11시에 영화관 앞에서 만나요.

4. 여자: 저기요, 실례지만 광화문에 어떻게 가요?
   남자: 지하철 3호선을 타세요.
   여자: 지하철 3호선이 어디에 있어요?
   남자: 근처에 3호선이 없으니까 명동역에서 4호선

을 타세요. 그리고 충무로역에서 갈아타세요.

5. 남자: 이번 주말에 어디에 가요?
여자: 가족 선물을 사러 동대문에 갈 거예요. 아미르 씨는요?
남자: 저는 다음 주에 고향에 가요. 그래서 환전하러 은행에 갈 거예요.
여자: 그럼 같이 가요. 저도 통장을 만들러 은행에 가야 해요.

※ [6~9] 다음을 듣고 여자의 중심 생각을 고르십시오.

6. 남자: 나트 씨는 옷을 어디에서 사요?
여자: 저는 보통 인터넷으로 사요.
남자: 인터넷 쇼핑이 어때요? 고향에 있는 동생에게 선물을 보내고 싶어요.
여자: 인터넷 쇼핑이 싸고 편해요. 그리고 옷을 빨리 받을 수 있어요.

7. 남자: 주말에 강남에 가려고 해요. 무엇을 타야 돼요?
여자: 주말에는 사람이 많으니까 지하철을 타세요.
남자: 지하철로 가면 얼마나 걸려요?
여자: 수원에서부터 강남까지 1시간쯤 걸려요. 주말에 지하철을 타면 빠르고 좋아요.

8. 여자: 저는 한국에 살고 부모님은 고향에 계십니다. 오늘 백화점에서 부모님 선물을 많이 샀습니다. 내일 우체국에 가서 선물을 보낼 겁니다. 배로 보내면 싸지만 시간이 많이 걸립니다. 비행기로 보내면 비싸지만 부모님이 선물을 빨리 받을 수 있습니다. 저는 부모님께 선물을 빨리 보내고 싶습니다.

9. 여자: 저는 어제부터 목이 아프고 열이 났습니다. 하시만 너무 바쁩니다. 오전에는 한국어 수업이 있어서 한국어를 공부합니다. 오후에는 공항에 가야 합니다. 고향에서 부모님이 오십니다. 내일은 부모님과 같이 서울을 구경할 겁니다. 오늘과 내일 모두 바쁩니다. 그래서 쉴 수 없습니다. 저는 정말 피곤합니다.

※ [10~11] 다음을 듣고 물음에 답하십시오.

여자: (딩동댕) 고객 여러분, 안녕하십니까? 저희 백화점에서는 어른들께서 좋아하시는 건강에 좋은 홍삼과 주부들에게 인기가 많은 청소기를 할인 행사하고 있습니다. 일주일만 할인된 가격으로 만나볼 수 있습니다. 또 다른 행사 상품을 보시려면 1층 행사장으로 오시면 됩니다. (딩)

※ [12~13] 다음을 듣고 물음에 답하십시오.

여자: 에디 씨는 한국 생활이 어때요?
남자: 한국 생활은 재미있지만 한국 음식을 잘 못 먹어서 불편해요.
여자: 무슨 음식을 못 먹어요?
남자: 김치가 매워서 안 좋아해요. 그런데 한국 요리에 김치가 많이 있어요.
여자: 저는 김치를 좋아하지만 술을 잘 못 마셔요. 에디 씨는요?
남자: 저는 한국 술을 좋아하지만 건강 때문에 잘 안 마셔요.

※ [14~15] 다음을 듣고 물음에 답하십시오.

남자: 어서 오세요. 어떻게 오셨어요?
여자: 다리를 다쳐서 피가 나요.
남자: 피가 많이 나네요. 연고를 바른 뒤에 반창고를 붙여야겠어요.
여자: 먹어야 하는 약도 있나요?
남자: 네. 하루에 세 번 연고를 바르고, 식사를 하신 후에 약을 드세요. 약은 병원 1층에서 받으면 돼요.
여자: 네, 알겠습니다.

담당 연구원

정혜선 국립국어원 학예연구사
박지수 국립국어원 연구원

집필진

내용 집필

이선웅 경희대 한국어학과 교수
이 향 한국조지메이슨대 현대및고전언어과 조교수
정미지 서울시립대 국제교육원 한국어학당 책임강사
현윤호 경희대 문화예술법연구센터 연구팀장
김유미 경희대 언어교육원 교수
박수연 조선대 언어교육원 교육부장
이영희 숙명여대 한국어문학부 초빙대우교수
이윤진 안양대 교육대학원 외국어로서의 한국어교육 전공 조교수
이정화 서울대 언어교육원 한국어교육센터 대우조교수

내용 검토

박미정 건양사이버대 다문화한국어학과 조교수
김정남 경희대 한국어학과 교수
김현주 용인시 다문화가족지원센터 한국어 강사
박동호 경희대 한국어학과 교수
박시균 군산대 국어국문학과 교수
양명희 중앙대 국어국문학과 교수
오경숙 서강대 전인교육원 조교수
홍윤기 경희대 국제교육원 교수

연구 보조원

박서향 경희대 언어교육원 한국어교육부 주임강사
성아영 전 경희대 언어교육원 한국어 강사
이 경 전 경희대 언어교육원 한국어 강사
이채원 순천향대 한국어교육원 강사
김경은 전 경희대 언어교육원 한국어 강사
김보현 중앙대 언어교육원 한국어 강사
박경희 평택대 국제처 한국어교육센터 강사
박기표 전 베트남 한국문화원 세종학당 파견교원
박정아 경희대 교육실습센터 한국어 강사
박혜연 아주대 국제교육센터 한국어 강사
윤권하 전 경희대 언어교육원 한국어 강사
윤희수 평택대 국제처 한국어교육센터 강사
이정선 경희대 국제한국언어문화학과 석사과정 수료
조연아 경희대 국제한국언어문화학과 석사과정 수료
최은하 군산대 국제교류교육원 언어교육센터 한국어 강사
탁진영 경희대 국제교육원 한국어 강사
황지영 한신대 국제교류원 한국어 강사

다문화가정과 함께하는 

정확한 한국어 

1판 1쇄 2019년 2월 13일
1판 8쇄 2025년 2월 25일

기획·개발 국립국어원
펴낸이 박영호
기획팀 송인성, 김선명
편집팀 박우진, 김영주, 김정아, 최미라, 전혜련, 박미나
관리팀 임선희, 정철호, 김성언, 권주련
펴낸곳 (주)도서출판 하우

주소 서울시 중랑구 망우로68길 48
전화 (02)922-7090
팩스 (02)922-7092
홈페이지 http://www.hawoo.co.kr
e-mail hawoo@hawoo.co.kr
등록번호 제2016-000017호

값 10,000원
ISBN 979-11-88568-57-4 14710
ISBN 979-11-88568-56-7 14710 (set)

다문화가정과 함께하는

정확한 한국어

교통과 통신의 비약적인 발전에 따라 세계 여러 나라들의 교류가 크게 증가하고 있고, 그와 함께 한국에 정착해 사는 외국인들 역시 크게 늘어나고 있습니다. 한국에 이주해 한국인 배우자와 함께 사는 사람들, 직업 활동을 하면서 한국에 정착해 사는 외국인 부부들이 오랜 기간 동안 한국에 살면서 자녀를 낳아 기르고 있어 한국 사회도 점차 다문화 사회로 이행하고 있는 모습이 뚜렷이 나타나고 있습니다. 이는 한국의 국제적 위상이 점점 높아지고 있음을 간접적으로 보여 주는 바람직한 사회 현상이라고 생각합니다.

이 책은 이와 같은 시대적 흐름에 발맞추어 국립국어원에서 발주한 사업인 2017년 다문화가정 교재 개발 사업의 결과물로서 다문화가정 구성원들이 한국 문화를 이해하는 바탕 위에서 구어와 문어 영역에서 고른 수준의 한국어를 구사할 수 있도록 구성되었습니다. 또한 날이 갈수록 다문화가정 구성원들의 사회 활동이 늘고 있고 성 평등 의식도 높아져 가고 있으므로, 학습자들이 한국 사회의 일원으로서 확고한 정체성을 지니고 가족생활, 이웃과의 교류, 직업 활동을 포함한 여러 사회생활에서 필요한 한국어를 자연스럽게 구사할 수 있는 교재가 되도록 노력하였습니다. 학습자들이 한국 사회에 대한 적응이라는 수동적 태도에서 나아가 한국 사회를 함께 이끌어 간다는 능동적 태도를 지니고 살아갈 수 있도록 내용을 구성하였습니다.

- **국립국어원 한국어교수학습샘터** kcenter.korean.go.kr
  자료나눔터→멀티미디어 교육자료→음성자료
- **(주)도서출판 하우** hawoo.co.kr
  자료실→(주)도서출판하우 자료실

ISBN 979-11-88568-57-4
ISBN 979-11-88568-56-7 (set)

값 10,000원